Michael Tischinger
NUR MUT ZUR VERÄNDERUNG!

Michael Tischinger

Nur Mut zur Veränderung!

Wie wir herausfordernde Zeiten gut gestalten können

Hg. von Elisabeth Tischinger

VERLAG NEUE STADT
MÜNCHEN · ZÜRICH · WIEN

Der Autor, Dr. med. Michael Tischinger (1967–2020), langjähriger Chefarzt der Adula-Klinik in Oberstdorf, war Facharzt für Psychosomatische Medizin, Facharzt für Psychiatrie und Psychotherapie, Lehrtherapeut in tiefenpsychologischer Psychotherapie, Supervisor und Dozent und zudem Diplom-Theologe. Außerdem war er zertifizierter Lehrer für Achtsamkeitsbasierte Stressreduktion (Mindfulness-Based Stress Reduction, MBSR) und ausgebildeter Paar- und Familientherapeut.

Klimaneutral gedruckt. Weil jeder Beitrag zählt.

MIX Papier FSC® C083411

CPI klimaneutral
Mehr Bäume. Weniger CO_2

2022, 2. Auflage

Umschlaggestaltung unter Verwendung eines Fotos
von Aurelia Liesenfeld
Gestaltung und Satz: Neue-Stadt-Grafik
Druck: CPI books GmbH, Leck
ISBN 978-3-7346-1290-9

www.neuestadt.com

Inhalt

II
KRISEN

IV
ERMUTIGUNGEN: KRAFTQUELLEN ENTDECKEN

Vorwort

Veränderungen sind lebensnotwendig. Ohne Veränderung gäbe es kein Wachstum und keine Entwicklung in unserem Leben. Unser Kopf weiß das alles längst. Dennoch tun wir uns oftmals so schwer mit den Veränderungen, die in uns und um uns herum geschehen. Die Angst ist der treue Begleiter der Veränderung. Angst, Vertrautes loszulassen. Angst, Ungewissheiten auszuhalten. Angst vor dem Unbekannten, das die Veränderung mit sich bringt.

Ob wir wollen oder nicht: Wir leben in einer Zeit großen Wandels, in einer Zeit weltweiter Veränderungen. Die Welt scheint sich immer schneller zu wandeln - und wir müssen uns mit ihr wandeln, um darin zu bestehen. Krisen, Umbrüche, Veränderungen sind fraglos die großen Themen unserer Zeit. Die entscheidende Frage ist: Sind wir bereit, uns zu verändern und uns verändern zu lassen?

Als Menschen haben wir die Tendenz, Vertrautes nur ungern loszulassen. Wir wissen zwar, dass wir uns dem Neuen nicht entziehen können, und verhalten uns doch oftmals gegensätzlich. Wir wären gerne aktive Gestalter unserer eigenen Veränderungsprozesse, doch oft machen wir die Erfahrung: Wir *werden* verändert. Wir sind nicht nur Subjekt, sondern auch Objekt der Veränderung.

Manchmal bedarf es krisenhafter Zuspitzungen, damit sich eine notwendige Veränderung vollziehen kann. Zu unser aller Lebensweg gehören Lebenskrisen unweigerlich dazu. Und zu den individuellen Krisen, die wir selbst meistern müssen, gesellen sich dann auch noch kollektive Krisen, die uns alle gemeinsam betreffen. Denken wir nur an die Coronakrise und ihre Folgen: Wir sind Teil einer weltweiten Erfahrung geworden; eine überall spürbare Verunsicherung hat bei vielen zu einem intensiven Erleben von Ohnmacht und Ausgeliefertsein geführt.

Dieses Buch will einerseits ein tieferes Verstehen von notwendigen Veränderungsprozessen in unser aller Leben wecken. Gleichzeitig will es aber auch konkrete Hilfestellung in der Bewältigung krisenhafter Erfahrungen und Unterstützung in Zeiten der Verunsicherung anbieten.

Je mehr wir uns auf individuell und gesamtgesellschaftlich notwendige Veränderungsprozesse einlassen können, desto leichter finden wir wieder hinein in unsere schöpferische und gestalterische Kraft.

Natürlich gibt es Situationen, in denen jemand spürt, dass er bei allem Bemühen selbst nicht wirklich zurechtkommt und dass professionelle Hilfe vonnöten ist. Diese dann auch in Anspruch zu nehmen, ist wichtig und verdient alle Anerkennung; dazu sei ausdrücklich ermutigt.

Es ist gut zu wissen, dass Veränderungen als ein notwendiger Reifungsprozess verstanden und integriert werden können. Wir können auch lernen, die Früchte, die dieses Reifen und Wachsen hervorbringen will, mehr und mehr zu genießen. Unsere Ängste können wir als Anfragen an uns selbst verstehen, als Einladung, nach stimmigen Antworten zu suchen. Wir können lernen, Vertrauen zu fassen und uns auch im Ungeborgenen geborgen zu fühlen.

Michael Tischinger

I

Leben ist Veränderung – Veränderung ist Leben

Veränderung als Lebensprinzip

Nichts bleibt ewig

Gleich zu Beginn möchte ich Ihnen eine gute und eine schlechte Nachricht übermitteln. Die gute Nachricht lautet: Nichts dauert ewig. Und nun die schlechte Nachricht: Nichts dauert ewig.

Eine der größten Herausforderungen unseres Lebens stellt der Umgang mit den Veränderungen des Lebens dar. Niemals bleiben die Dinge, wie sie sind. Nichts dauert ewig. Dies mag in Zeiten, in denen es uns gut geht und wir uns wohlfühlen, eine Wahrheit sein, die wir ungern hören. In Zeiten der Krisen und Schwierigkeiten hingegen mag es uns trösten, dass auch diese wieder vorübergehen werden.

Es ist eine alle Phasen unseres Lebens umgreifende Wirklichkeit, dass nichts bleibt, wie es ist; permanent sind wir aufgerufen, uns zu verändern, ja uns zu wandeln. Es ist quasi die Grundgesetzmäßigkeit nicht nur des menschlichen Lebens: Alles Lebendige ist einer steten Veränderung unterworfen.

Innehalten

Bitte nehmen Sie sich einen Moment Zeit, um kurz innezuhalten und folgende Fragen in sich zu bewegen:

- *Wie ergeht es Ihnen jetzt gerade mit dieser Aussage, dass das Leben im Allgemeinen und damit auch Ihr Leben im Besonderen steten Veränderungen unterworfen ist?*

- *Hat dies etwas Tröstliches für Sie? Oder liegt darin eher ein bedrohlicher Aspekt, etwas, was in Ihnen Angst oder Unsicherheit auslöst?*
  Oder zeigt sich vielleicht noch eine ganz andere, womöglich gänzlich unerwartete Regung in Ihnen?

- *Ruft der Gedanke der Veränderlichkeit, ja der Vergänglichkeit Ihres Lebens in Ihnen womöglich recht widersprüchliche Reaktionen hervor?*

Was auch immer es gerade in Ihnen zum Klingen bringt, seien Sie neugierig und versuchen Sie zu verstehen, warum sich in Ihnen genau jetzt diese oder jene Reaktion zeigt.

Vielleicht hat Ihre Reaktionsweise mit Ihrer aktuellen Lebenssituation zu tun: Befinden Sie sich gerade in einer krisenhaften Zeit Ihrer eigenen Entwicklung, so löst die Tatsache der Veränderlichkeit Ihres Lebens womöglich eine Art Erleichterung in Ihnen aus, dass bald auch wieder bessere Zeiten kommen können. Sind Sie jedoch mit Ihrem Leben gerade rundherum zufrieden und würden Sie diesen Zustand gerne beibehalten, so dürfte die Vorstellung, dass dies bald vorüber sein könnte, eher einen Widerstand in Ihnen hervorrufen.

Andererseits kann Ihr inneres Erleben Ihnen aber auch etwas über Sie selbst verraten: Sind Sie von Hause aus eher ein explorativer, neugieriger Mensch, der stets das Neue, die Veränderung, die Herausforderung sucht und sich im Vertrauten schnell langweilt? Oder haben Sie vielleicht einen Hang dazu, am Gewohnten festhalten zu wollen, während unbekanntes Terrain in Ihnen leicht Verunsicherung und Unbehagen auslöst?

Wie auch immer, versuchen Sie sich und Ihre Reaktionsweise mit einem wohlwollend-interessierten Blick anzusehen, ohne sich und Ihr Erleben zu werten. Haben Sie einfach ein freundliches Interesse für sich und nehmen Sie Ihre Reaktionen auf diese Fragen als eine Art Standortbestimmung: Da stehen Sie eben jetzt. Auch das kann und wird sich verändern. Würden Sie diese Fragen zum Beispiel in drei Monaten nochmals in sich bewegen, sie würden garantiert andere, veränderte Reaktionsweisen in sich wahrnehmen. Wie gesagt: Nichts bleibt, wie es ist!

Betrachten wir die „Veränderungen des Lebens" genauer, so wird schnell augenfällig, dass kein Bereich unseres Menschseins davon ausgenommen bleibt.

Im körperlich-biologischen Bereich sind wir permanenten Veränderungs- und Alterungsprozessen unterworfen. Als Kinder nehmen wir an Körpergröße zu, als Erwachsene womöglich an Körperumfang. Wir werden älter, das Leben hinterlässt sichtbare Narben, Haut und Haare ändern sich in Form und Farbe. Nimmt unsere physische Kraft die ersten Jahrzehnte zu, so macht uns die Abnahme unserer körperlichen Vitalität oder unserer emotionalen Spannkraft in der zweiten Lebenshälfte womöglich mehr zu schaffen, als uns lieb ist. Hormonelle Veränderungen wie zum Beispiel in der Pubertät oder im Klimakterium gehen nicht spurlos an uns vorüber. Wir erleiden Unfälle, durchleben Krankheiten und müssen mit zunehmendem Alter mit immer mehr körperlichen Funktionseinschränkungen zurechtkommen.

Auch auf zellulärer Ebene finden permanent Veränderungsprozesse statt. „Apoptose" und „Homöostase" sind zwei Begriffe, die die ständigen Ab- und Umbauprozesse in unserem Körper zum Ausdruck bringen. Als „Apoptose" wird in der Medizin der permanente, genetisch programmierte Tod einzelner Zellen bezeichnet. Im Körper eines erwachsenen Menschen sterben pro Tag schätzungsweise 80 Milliarden Körperzellen ab, und ebenso viele werden täglich neu gebildet. Im Laufe eines Menschenlebens kommt es so zu einem mehrfachen Austausch aller Körperzellen.

Als „Homöostase" bezeichnet man die Fähigkeit unseres Körpers, immer wieder eine Balance bezüglich lebenswichtiger physiologischer Parameter wie beispielsweise Körpertemperatur und Blutzucker herzustellen. „Homöostase" bedeutet zwar wörtlich übersetzt „Gleichstand", jedoch ist damit kein statisches Gleichbleiben gemeint, sondern ein hochdynamisches Fließgleichgewicht, das angesichts sich permanent verändernder Faktoren immer wieder neu ausbalanciert werden muss.

Genauso wie sich unser Körper aufgrund der sich ständig verändernden äußeren Umgebungsbedingungen immer wieder neu ausjustieren muss, so brauchen wir auch *auf psychischer Ebene* ein Ausbalancieren unseres seelischen Gleichgewichts. Ständig verändern sich in unserem Leben äußere Umweltfaktoren und, oft damit einhergehend, auch innere Gefühlszustände. So sehr wir uns in Zeiten von Stress und seelischem Angespanntsein die Erfahrung völliger Ausgeglichenheit wünschten, so ist auch dies kein spannungsloser Zustand, sondern ein sehr dynamischer Prozess. Und je nach Persönlichkeitstyp sehnen wir uns womöglich sogar nach dem Adrenalin der Aufregung, die Gefahrensituationen und neue Herausforderungen mit sich bringen.

Auch unsere *zwischenmenschlichen Beziehungen* ändern sich im Laufe unseres Lebens auf vielfältigste Weise: Die enge Bindung, die wir als Kinder zu unseren Eltern hatten, verändert sich mit zunehmendem Alter, oftmals so weit, dass es schließlich nicht mehr die Eltern sind, sondern wir, die Fürsorge für den anderen übernehmen müssen. Wir schließen Freundschaften und lösen manche davon wieder auf, andere verlaufen einfach so im Sande, um vielleicht eines Tages neu reaktiviert zu werden. Wir verlieben uns und gehen eine partnerschaftliche Beziehung ein, die uns durch unterschiedlichste Höhen und Tiefen durchtragen, aber auch im Streit und Zerwürfnis enden kann, ohne uns jemals ganz loszulassen. Wir heiraten womöglich und werden selbst Eltern. Die Zeiten der Erziehung durchlaufen je nach Entwicklungsstand unserer Kinder unterschiedlichste Stadien, die Kinder gehen aus dem Haus und werden selbst zu Erwachsenen, mit denen wir wieder eine neue, andere Beziehung gestalten dürfen. Eines Tages werden wir vielleicht selbst Großeltern und finden uns dadurch in einer ganz neuen Rolle und Aufgabe wieder.

In beruflicher Hinsicht ist mehr denn je unsere Veränderungsbereitschaft gefordert. Nachdem wir zur Schule gegangen sind, machen wir eine Ausbildung oder absolvieren ein Studium. Wir beginnen unsere berufliche Laufbahn, wechseln die Arbeitsstelle, bewerben uns wieder, um zu einem späteren Zeitpunkt den Arbeitsplatz erneut zu wechseln oder uns selbständig zu machen. Unsere Aufgaben ändern sich, wir bilden uns weiter, wagen vielleicht einen Quereinstieg, brechen bisherige Zelte ab, um uns andernorts an einer neuen Stelle zu bewähren. Wir probieren unterschiedliche Arbeitsmodelle aus, wir gehen in Rente und suchen nach neuen Möglichkeiten, unserer Schaffenskraft Ausdruck zu verleihen.

Rasante technologische Veränderungen fordern uns heraus, um wechselnden und teils hochkomplexen Anforderungen in Beruf und Privatleben gerecht zu werden. Neue Medien, veränderte Kommunikationsformen halten uns auf Trab, erweisen sich bisweilen als großer Segen und manchmal als Fluch, dem wir kaum entrinnen können. Wir versuchen uns anzupassen, mit den Jungen mitzuhalten, keine wichtige Entwicklung zu verpassen und uns auf dem neuesten technischen Stand zu halten. Manchmal fühlen wir uns davon überfordert, ein andermal empfinden wir große Begeisterung für die unzähligen Möglichkeiten, die eine weltweite technische Vernetzung uns bieten mag.

Politische, gesellschaftliche sowie ökonomische Herausforderungen mit ihren Umwälzungen und damit einhergehenden Krisen fordern ebenso unser Engagement heraus. Wir beziehen Stellung, bisweilen bereiten uns die Sorgen um den Zustand unserer Welt schlaflose Nächte. Das gesellschaftliche Klima ändert sich nicht nur in unserem Lande. Internationale Vernetzungen lassen uns zusammenrücken, weltweite Konflikte erschüttern uns, als Menschheitsfamilie eilen wir von Krise zu Krise, und so manche Nachricht über den Zustand der Erde lässt uns Ohnmacht und Wut empfinden; vielleicht aber wird auch der Wunsch in uns wach, uns umso entschlossener einzumischen und mitzugestalten.

Kurzum: Veränderung gibt es in allen Bereichen unseres Lebens. Veränderung ist unausweichlich und unabdingbar. Doch ein Prozess der Veränderung kann ängstigen und verunsichern: Wir spüren, dass wir etwas riskieren müssen.

Die Vorstellung aber, immer das Gleiche zu tun, wäre wohl noch beängstigender. Wir brauchen Lebens-notwendig neue Impulse. Um etwas Neues zu erfahren, müssen wir auch etwas Altes lassen. Wollen wir uns frisches Wasser in ein Glas füllen, so muss erst das alte, abgestandene Wasser ausgeleert werden.

Veränderung erzeugt Spannung

Als Menschen sind wir zeitlebens mit permanenten Veränderungen konfrontiert. Etwas aber ändert sich nie: der Wunsch nach Zugehörigkeit, nach Angenommensein, nach Geliebtwerden. Diesen Wunsch tragen wir von Anfang an in uns. Jeder Mensch möchte wertvoll sein. Jeder Mensch möchte liebenswert sein. Jeder Mensch möchte angenommen sein. Die Erfüllung dieses Bedürfnisses ist für uns Menschen existenziell, überlebensnotwendig.

Als Spezies Mensch sind wir so geschaffen, dass wir über viele Jahre unseres Lebens der Fürsorge und Zuwendung anderer Menschen bedürfen, um überhaupt eines Tages an den Punkt zu kommen, selbst für uns sorgen zu können. Keine andere Spezies auf dieser Erde braucht über so viele Jahre die Zuwendung anderer Artgenossen, um eines Tages selbstständig leben zu können. Volljährig wird man bei uns mit 18 Jahren, und das hat einen guten Grund. Die körperliche, geistig-emotionale und soziale Reifung braucht rund zwei Dekaden, um so weit gediehen zu sein, dass ein Mensch sein Leben selbst gestalten und verantworten kann.

So ist die Frage „Wer bin ich?“ zunächst immer eine Frage aus dem Blickwinkel anderer: „Wer bin ich für meine Eltern?“, „Was macht mich wertvoll in den Augen der anderen?“, „Wofür bekomme ich Liebe und Anerkennung?“

Wenn ich mich nun im Laufe meines Lebens selbst verändere, wenn meine Lebenssituation und mein Beziehungsgeflecht sich wandeln, bleibt doch in mir die unveränderte Frage: Bin ich auch jetzt noch – unter diesen veränderten Bedingungen – liebenswert in den Augen anderer? Bekomme ich auch jetzt noch die notwendige Anerkennung anderer, auch wenn ich zum Beispiel nicht mehr über bestimmte Fähigkeiten verfüge, eine vorherige Rolle nicht mehr ausfüllen kann, mein gesellschaftlicher Status sich verändert hat? Bin und bleibe ich noch wertvoll aus der Perspektive anderer?

Die faktischen Veränderungen in meinem Leben einerseits und die zeitlebens unveränderliche Frage nach meinem Wert und meiner Liebenswürdigkeit, mein Bedürfnis nach Anerkennung andererseits bewirken, dass Veränderungsprozesse auf einer tieferen, unbewussten Ebene zu einer inneren Verunsicherung, einer diffusen Angst führen. Wir hätten so gerne eine Garantie, wie das Ganze ausgehen wird, und wünschten uns Sicherheit. Aber wir wissen: Die gibt es so nicht. Eine Veränderung ist und bleibt mit einem Risiko verbunden, sie ist immer auch ein Wagnis.

Viele von uns kennen das: Wir fühlen uns verunsichert, in uns ist Aufruhr, die Gedanken drehen sich im Kreis, wir schlafen schlecht, wir wissen nicht, wie es weitergehen soll, empfinden Gefühle der Verzweiflung, der Ohnmacht, des Ausgeliefertseins – wir befinden uns in einer Krise. Allzu leicht werden so natürliche Veränderungsprozesse, die notwendigerweise zu unserem Leben dazugehören, zu regelrechten Veränderungskrisen. Unser Selbstwert-Erleben ist verunsichert, gerät in Spannung, da sich unter den neuen Vorzeichen die unveränderliche Frage nach unserem Wert wieder neu stellt und neu beantwortet werden will.

Manchmal genügt schon eine Veränderung in der Art und Weise, wie wir die Welt, andere Menschen und uns selbst wahrnehmen. Können wir eine äußere Situation nicht verändern, so ist es doch immer möglich, dass wir uns, unsere Einstellung und unsere Verhaltensweisen ändern. Damit unsere Lebensweise nicht erstarrt, braucht es unsere Bereitschaft, an unseren bisherigen Vorstellungen nicht festzuhalten, sondern diese immer wieder zu verändern. Dazu kann uns eine bestimmte Haltung helfen: eine Art „Anfängergeist". Denken wir nur daran, wie viel wir - etwa in der Kindheit - an Neuem entdecken durften, wie sehr wir davon profitiert haben, uns auf etwas einzulassen: Es ist etwas Besonderes, etwas zum ersten Mal zu sehen oder zum ersten Mal auszuprobieren. Wir öffnen dadurch neuen Erkenntnissen und Sichtweisen die Tür. Solcher Anfängergeist kann helfen, dass wir weiter-wachsen, statt enger zu werden.

Gerade in einer langjährigen Partnerschaft tendieren wir dazu, den anderen in eine Art „gedankliche Schublade" zu stecken. Immer wieder versehen wir das Verhalten des anderen mit einem bestimmten Etikett. Oft sind dies eher negativ getönte Zuschreibungen, etwa „die Nörglerin", „der Egoist", „die Besserwisserin", „der Faulpelz". Damit aber verhindern wir immer wieder die notwendige Neubelebung unserer partnerschaftlichen Beziehung.

Ein bewusster Perspektivenwechsel, durch den wir uns erlauben, probeweise eine ganz neue Sichtweise einzunehmen, könnte doch auch hier etwas herrlich Erfrischendes haben!

Ich verändere – ich werde verändert

Das Leben selbst ist es, das dem Menschen Fragen stellt.
Er hat nicht zu fragen,
er ist vielmehr der vom Leben her Befragte,
der dem Leben zu antworten –
das Leben zu ver-antworten hat.

(Viktor E. Frankl)

Wir erleben Veränderungsprozesse umso positiver, je mehr wir uns selbst als Subjekt und nicht als bloßes Objekt einer Veränderung erleben. Bin ich selbst derjenige, der eine Veränderung im eigenen Leben herbeiführen möchte, so kann mich dies kraftvoll und zuversichtlich stimmen. Ich komme dadurch mit meiner eigenen schöpferischen Kraft in Kontakt und erlebe auf positive Weise meine gestalterischen Möglichkeiten. Die Vorfreude auf ein bestimmtes Ziel kann helfen, auftauchende Schwierigkeiten und Hindernisse zu bewältigen.

Zu solch positiven Veränderungen, die wir selbst initiieren, gehören typischerweise zum Beispiel die Entscheidung für einen bestimmten beruflichen Weg, der Beginn einer Partnerschaft oder ein Umzug in eine passendere Wohnung. Es kann auch eine bewusste Veränderung im Familienleben sein, etwa das Sich-Öffnen für das Kommen eines eigenen Kindes.

So freudvoll die anstehende Veränderung im eigenen Leben auch erlebt werden mag, so setze ich mich doch einer Anspannung und einer gewissen Stresssituation aus. Die Veränderung will gut vorbereitet sein, die konkrete Durchführung mag Zeit und Energie binden und ich gehe das Risiko ein, dass dann vielleicht doch nicht alles so rosig ist, wie ich es mir ausgemalt habe.

Wollen wir positive Veränderungsprozesse in unserem Leben generieren, so braucht es neben dem Entschluss zum Veränderungsschritt auch unsere Bereitschaft, uns nachhaltig für das angestrebte Ziel einzusetzen. Möchte ich beispielsweise meine Essgewohnheiten ändern und mich zukünftig gesünder ernähren, so reicht es bekanntlich nicht, dass ich mir einmalig zum Abendessen einen frischen Salat zubereite. Veränderungen, die nachhaltig unser Leben in eine positivere Richtung führen sollen, brauchen neben dem inneren Entschluss zur Veränderung auch die Bereitschaft, uns in unserem Verhalten langfristig diesem Entschluss entsprechend zu engagieren.

Nun machen wir in unserem Leben auch die Erfahrung, dass wir uns mehr als Objekt einer Veränderung erleben denn als das handelnde Subjekt. Nicht ich war es, der primär einen Veränderungsprozess angestrebt hat, sondern „es" hat sich so ereignet, „es" ist so gekommen, „es" hat sich so ergeben: Ich *werde* verändert. Zunächst löst das einen inneren Widerstand aus, zumal wenn es sich um etwas handelt, was ich gar nicht wollte. Es war nicht *mein* Entschluss, sondern es ist mir in gewisser Weise von außen aufgezwungen worden. Diese Erfahrung des passiven Verändert-Werdens (im Gegensatz zum aktiven Entschluss des Verändern-Wollens) haben viele etwa in der Coronakrise gemacht.

Egal, ob ein solcher Veränderungsprozess wie aus heiterem Himmel quasi über Nacht hereinbricht oder sich schon über lange Zeit angekündigt hat: Immer braucht es einen Prozess des Betrauerns, dass Vertrautes losgelassen werden muss. Ein Trauerprozess ist notwendig, es bedarf eines würdigen Verabschiedens dessen, was da unwiederbringlich verloren gegangen ist.

Stirbt ein vertrauter Mensch quasi über Nacht, zum Beispiel an einem Herzinfarkt, so stellt es die Zurückbleibenden vor besondere Herausforderungen. Es war keine Zeit des bewussten Sich-voneinander-Verabschiedens möglich. Der plötzliche Tod kann daher wie ein Schock sein und zunächst auch eine Art „Schockstarre" bewirken.

Kommt eine Veränderung überraschend, gänzlich unerwartet, so erleben wir es als besonders schwer, damit zurechtzukommen. In gewisser Weise scheint es einfacher, einen lieben Menschen langsamer, über eine längere Zeit loslassen zu dürfen. Stirbt beispielsweise ein Elternteil nach einer mehrjährigen Demenzerkrankung, so ist bereits das Durchleben der Demenz ein wichtiger Teil des Abschiednehmens. Das Eintreten des Todes kann dann oftmals als Erlösung empfunden werden, sodass der Tod leichter angenommen werden kann.

Doch so unterschiedlich der zeitliche Verlauf auch ist, es ist im Grunde der immer gleiche Prozess: Es geht ums Abschiednehmen und Betrauern, um ein Loslassen oder Integrieren.

Dies gilt auf je eigene Weise für alle Verlusterfahrungen: Wir müssen eine gute Balance finden, um dem Verlorengegangenen die gebührende Aufmerksamkeit zu schenken. Gebührend bedeutet, dass es einerseits nicht zu viel, andererseits aber auch nicht zu wenig Aufmerksamkeit sein darf.

Ein Zuviel könnte darin bestehen, dass ein womöglich durchaus dramatischer Verlust nicht in einen (wenn auch schmerzlichen und womöglich längeren) Weg einmündet und kein Trauer*prozess* stattfinden kann (der sich immer ganz individuell gestaltet).

Im Gegensatz dazu könnte ein Zuwenig bedeuten, dass wir den Schmerz des Verlierens erst gar nicht spüren wollen und alles daransetzen, den Verlust zu verdrängen. Ich habe viele Patienten begleiten dürfen, die in der therapeutischen Bearbeitung ihrer Depression erkennen mussten, dass in ihnen noch eine ungelebte Trauer eines früheren Verlustes war. Manchmal sind es auch die Lebensumstände, die scheinbar dazu zwingen, um des Funktionieren willens den Trauerprozess abzukürzen und durch viel Arbeiten, Tun und Leisten den Verlustschmerz zu unterdrücken. Nicht von ungefähr lautet das lateinische Verb „deprimere“ in wörtlicher Übersetzung „niederdrücken, unterdrücken“.

Kollektive Krisensituationen sind für uns als Menschen in gewisser Hinsicht leichter zu bewältigen als individuelle Krisenzeiten. In der Coronakrise hat es zumindest phasenweise viel gegenseitige Anteilnahme und Zeichen der Solidarität gegeben. Menschen organisierten in ihrer Nachbarschaft Einkäufe für andere, für Ältere oder Menschen in Quarantäne. Solidarität kann in Zeiten großer Ungewissheit, Angst und Not helfen, das eigene Leid leichter werden zu lassen. Gegenseitige Anteilnahme und die Möglichkeit, mit anderen Betroffenen über die eigenen Ängste, Unsicherheiten und Schwierigkeiten sprechen zu können, sind eine wichtige Quelle von Trost und Ermutigung. Geteiltes Leid kann so sprichwörtlich zum halben Leid werden.

In individuellen Krisenzeiten fehlt nicht selten die solidarische Unterstützung durch andere, und das macht sie dann besonders schwer. Beispielhaft möchte ich hier die Erfahrung eines Mitte-40-jährigen leitenden Angestellten weitergeben, der – für ihn sehr überraschend – von seinem Arbeitgeber entlassen worden war. Er erzählt:

„Ich hatte den Eindruck, dass in meinem Umfeld etliche Menschen mit einer Art von ‚Schadenfreude' auf meinen Rauswurf reagierten. Die eher spöttisch vorgetragenen Fragen ‚Und, was machst du denn jetzt?' machten mir am meisten zu schaffen. Hatte ich selbst schon genug mit mir zu ringen, so waren diese Nadelstiche für mich sehr schwer zu ertragen. Ich zog mich mehr und mehr zurück und mied es bisweilen gar, aus dem Haus zu gehen."

Was auch immer andere Menschen über uns und unsere aktuelle Situation denken mögen: Wir können und müssen dies nicht kontrollieren. Wohl aber sollten wir die Kontrolle darüber behalten, was wir davon glauben und annehmen möchten. Ist das, was ein anderer mir durch seine Worte „zur Verfügung stellt", hilfreich? Ist es nützlich für mich in meiner aktuellen Lage? Oder ist es womöglich mehr eine Aussage über den anderen selbst, über seine eigenen Vorstellungen vom Leben, die er gerade kundtut und die mich nicht zu kümmern brauchen?

Oftmals hegen krisengeschüttelte Menschen die - irrige - Vorstellung, dass bei den anderen „alles paletti" sei, und dadurch neigen sie noch mehr zu Selbstzweifeln. Gerade dann kann es besonders wichtig sein, sich eine eigene (kleine) Solidargemeinschaft zu suchen. Menschen im Freundes- und Bekanntenkreis, die selbst schon einmal solche oder ähnliche Situationen durchlitten hatten, um Rat zu fragen oder um Unterstützung zu bitten. Womöglich entsteht auch eine Art „Selbsthilfegruppe" von Menschen, die mit Mitgefühl und Verständnis füreinander da sein können. Es kann schon einen entscheidenden Unterschied machen, einen anderen Menschen zu kennen, der etwas Ähnliches erlebt hat oder gerade durchlebt, um sich selbst nicht „falsch" zu finden und in Selbstanklage und Selbstvorwürfe abzugleiten.

Evolution und Revolution

Veränderungen sind per se nichts Negatives, da sie einer persönlichen oder gesellschaftlichen Weiterentwicklung dienen können. Dennoch lösen anstehende Veränderungen in uns zunächst eine Verunsicherung, eine Skepsis aus, da wir das Neue und die damit verbundenen Konsequenzen noch nicht kennen. Der Mensch wird zu Recht als Gewohnheitstier bezeichnet: Routinen verleihen uns das Gefühl von Sicherheit und Stabilität; wir machen es uns daher in unseren Ge*wohn*heiten gerne gemütlich und richten uns *wohn*lich darin ein. Manchmal halten wir sogar an lieb gewordenen Gewohnheiten fest, obwohl wir wissen, dass sie uns Schaden zufügen. So leben wir nach dem Motto: Lieber des gewohnte Unglück als das unbekannte Glück!

Es gibt Zeiten in unserem Leben, da verändern sich bisher vertraute Dinge schlagartig. So wie vor dem ersten Schneefall des Winters die Welt vor unserem Fenster abends noch wie immer wirkt und wir beim Aufwachen am Morgen sehen, wie alles schneebedeckt ist: Die ganze Welt sieht anders aus!

Gerade wenn Veränderungen scheinbar unangekündigt „über Nacht" – also zu einer unpassenden Zeit – daherkommen, reagieren wir oft ärgerlich, vielleicht auch mit dem Gefühl der Ohnmacht. Wir haben den Eindruck, keine Spielräume mehr zu haben, und das macht uns erst mal Angst. Aber wann, bitte schön, wäre denn die passende Zeit?

Kann es sein, dass wir Vorzeichen einer Veränderung, die sich schon längst am Horizont angebahnt hatten, schlichtweg ignoriert haben? Hatten wir – wie bei einem heraufziehenden Gewitter – uns der falschen Hoffnung hingegeben, es werde schon an uns vorüberziehen und uns nicht treffen? Und wenn sich beispielsweise stressbedingte gesundheitliche Störungen zuletzt mehr und mehr gehäuft haben, haben wir diese vielleicht einfach ignoriert und uns eingeredet: „Das schaffe ich schon noch!"? Warten wir manchmal so lange, bis es gar nicht mehr geht? Bis unser Körper gänzlich streikt oder jemand anderer für uns entscheidet, da wir selbst eine Entscheidung zu sehr hinausgezögert haben?

Wenn wir nicht rechtzeitig und „pro-aktiv" handeln, bleibt uns vielleicht nur noch die Möglichkeit, zu re-agieren, was sich dann nicht selten wie Schadensbegrenzung anfühlt. Wenn wir die Zeichen der sich anbahnenden Veränderung nicht wahrhaben wollen, werden wir womöglich gar den Eindruck haben, von der Welle der Veränderung wie von einem Tsunami überrollt zu werden.

Wir brauchen den Mut zur Veränderung! Nur so können wir den Prozess der Veränderung selbst aktiv mitgestalten, und dies lässt wiederum kreative Kräfte in uns wachsen. Haben wir jedoch den Eindruck, dass wir verändert werden und nur passiv darauf reagieren können, wirkt dies eher entmutigend und löst leicht das Gefühl der Verzweiflung und Ohnmacht in uns aus. Indem wir also die äußere Umgebung, aber auch unsere innere Realitäten bewusst wahrnehmen und frühzeitig die sich anbahnenden Vorzeichen ernst nehmen, vergrößern wir eigene Entscheidungsspielräume.

Betrachten wir die Veränderungen im großen Kosmos oder die Entstehung der unterschiedlichen Lebensformen auf der Erde, so finden wir beides: Phasen langsamen, allmählichen Wandels wie Zeiten abrupter, gravierender Veränderungen. Evolution und Revolution scheinen sich gegenseitig zu bedingen und für die Entwicklung des Lebens in gleicher Weise bedeutsam zu sein. Das gilt für materielle Prozesse, aber ähnlich auch für ideelle.

Unter Evolution verstehen wir eine langsame, stetige Entwicklung, die aus fast unmerklichen kleinen aufeinanderfolgenden Veränderungsschritten besteht. Da jede Neuerung weitere Neuerungen hervorbringt, ändert sich allmählich das Ganze. Auf diese Weise kann sich das Leben fließend an sich verändernde Umweltbedingungen anpassen.

Hingegen bewirkt eine Revolution innerhalb kürzester Zeit einen gravierenden Umbruch. Bisweilen erfolgen solche radikalen Veränderungen geradezu gewaltsam, wie wir es von politischen Revolutionen her kennen. Als Revolution bezeichnen wir einen tiefgreifenden Wandel, der sich innerhalb kürzester Zeit und manchmal gewaltsam vollzieht.

Evolution und Revolution schließen einander nicht aus, sondern beide ermöglichen den Wandel des Lebens. Leben will und muss sich wandeln, weiterentwickeln, verändern. Dies gilt, wie schon gesagt, für individuelles menschliches Leben, für das Leben unterschiedlicher Spezies, aber auch für soziale, gesellschaftliche und politische Prozesse.

Dass beides seinen Platz, auch seine Berechtigung hat, ist uns womöglich nicht recht bewusst. Aber Veränderungen des Lebens vollziehen sich nun einmal nicht immer gleichförmig: Sie können sowohl auf evolutionäre als auch auf revolutionäre Weise vonstatten gehen. Ja, es zeigt sich, dass evolutionäre Prozesse und revolutionäre Phasen sich oft gegenseitig bedingen. Bei drohender Erstarrung oder fehlender Anpassungsfähigkeit sind im Leben aller Lebewesen krisenhafte Transformationsprozesse im Sinne eines radikalen, revolutionär daherkommenden Einschnittes *erforderlich*, um das Überleben zu sichern. Sind wir als Menschen nicht bereit, uns den je aufs Neue notwendigen Veränderungsprozessen anzuvertrauen, und drohen wir zu erschlaffen, so sind es oft vermeintlich plötzlich daherkommende Krisen, die den notwendigen Wandel ermöglichen. Es braucht dann vielleicht eine alles umstürzende Krise, die unsere Lethargie durchbricht, uns innerlich und äußerlich beweglich erhält, uns sensibler, berührbarer und durchlässiger macht für Fragen wie die nach dem Sinn der verbleibenden Lebenszeit.

Fragen nach dem Sinn unseres Daseins stellen sich ja nicht zuletzt dann, wenn der bisherige Sinn unseres Lebens infrage gestellt ist – etwa bei einem Schicksalsschlag, beim Verlust unseres Arbeitsplatzes oder aufgrund gesundheitlicher Einschränkungen: immer dann, wenn wir etwas bisher sehr Bedeutsames in unserem Leben loslassen mussten.

Manchmal bedarf es eines regelrechten Umsturzes, um eine ganz neue Lebensweise beginnen zu können. Auch wenn wir schon länger ahnen, dass wir in unserem Leben etwas verändern sollten, so öffnen wir uns oftmals dem Neuen erst dann wirklich, wenn uns das Leben dazu zwingt. Egal, ob Krisen als individuelle, unser persönliches Leben revolutionierende Einschnitte daherkommen oder ob sie uns in Form kollektiver Krisen treffen (man denke an Corona und den Klimawandel mit seinen jetzt schon nicht zu übersehenden Folgen): Wir mögen solche krisenhaften Zeiten nicht, und doch gehören sie zu unser aller Leben – und sie können überaus wichtig sein für unsere individuelle und gesellschaftliche Weiterentwicklung.

Werde du selbst

Veränderung

mein alter Kokon
ist mir zu eng
kann nicht atmen
gleich platzt er
an einer Stelle auf
und ich kann zumindest
schon mal eine Flügelspitze
nach dem Licht ausstrecken

dann entspannt sich alles
ein bisschen
und während sich der Riss
immer weiter an seiner
Naht entlang auftrennt
kann ich endlich
langsam
Stück für Stück
aus meiner alten Haut
und immer mehr
ich selbst werden

(B. Huß)

Werde du selbst! Werde, was du bist!, so lautet vereinfacht die Botschaft des bekannten Schweizer Psychiaters C. G. Jung. Es ist unsere eigentliche Lebensaufgabe, den Prozess unserer Individuation, unserer Selbstwerdung, zu gestalten. Leben kann als ein fortschreitender Prozess verstanden werden, in dem wir unsere eigenen Fähigkeiten, Möglichkeiten und individuellen Eigenschaften mehr und mehr zur Entfaltung bringen dürfen. Erst dadurch kann unser Leben ganz echt, authentisch und einzigartig werden. Damit diese Aufgabe der eigenen Persönlichkeitsentwicklung gelingt, braucht es unweigerlich die Bereitschaft, sich den notwendigen Veränderungen unseres Lebens zu stellen.

In der Pubertät stellen wir uns zum ersten Mal selbst den wichtigen Fragen des Lebens: Was macht mich aus? Wer bin ich? Welche Interessen und Fähigkeiten bringe ich mit? Was gibt meinem Leben Sinn und Bedeutung? Es reicht aber nicht, dass wir uns einmalig diesen Fragen stellen. Immer wieder neu sind wir auch als Erwachsene in einer Zeit rasanter Veränderungen in Technologie und Arbeitswelt, einem sehr dynamischen gesellschaftlichen Wandel und einem unüberschaubar großen Angebot an Weltanschauungen aufgefordert, Antworten auf die entscheidenden Fragen unseres Lebens zu finden. Nicht nur die Welt um uns herum befindet sich in einer ständigen Veränderung. Auch wir sind gezwungen, uns permanent weiterzuentwickeln, uns in gewisser Weise immer wieder neu zu er-finden.

Ohne Veränderung keine Entwicklung.

Dies gilt sowohl für das große Bild des Lebens als auch für jeden Einzelnen von uns.

Jede Veränderung bietet die Chance, immer wieder neu nach dem zu fragen, was für uns jetzt wichtig ist.

Was zählt für dich wirklich? Worum geht es dir im Wesentlichen? Lebst du so, wie es deinem Innersten entspricht und dich glücklich macht?

Immer wieder stellen uns notwendige Veränderungen die Frage nach dem authentischen Leben. Authentisch zu sein bedeutet, zu sich zu stehen, sich seinen Werten gemäß zu verhalten, echt zu sein, seine Bedürfnisse zu kennen und ernst zu nehmen.

Immer wieder müssen wir bereit sein, Veränderungen und Unsicherheiten in unserem Leben zuzulassen, um authentisch leben zu können, statt nur gelebt zu werden. Wenn wir uns nicht immer wieder bewusst machen, was uns in der jeweiligen neuen Situation denn wichtig ist, werden wir tun, „was man halt von uns erwartet". Als Menschen aber sind wir dazu gerufen, aktive Gestalter unseres Lebens zu sein und uns nicht nur so dahintreiben zu lassen wie ein Stück totes Holz, das vom Fluss willenlos davongetragen wird.

Veränderungen sind genau die Türöffner, die uns helfen, authentisch und echt zu leben. Immer wieder geht es darum, sich neu zu justieren. Stimmt mein Leben noch, so wie ich gerade lebe? Die Einladung, die die Veränderungen des Lebens mit sich bringen, lautet: Was gilt es jetzt zu tun, damit du noch mehr der wirst, der du sein kannst, als der du gedacht bist?

Immer wieder brauchen wir den Kontakt zu unserer „inneren Weisheit", die auf unser Fragen nach der Stimmigkeit unseres Lebens die Antwort schon kennt. Jeder von uns hat diese innere Weisheit in sich, diesen

Ort, von dem aus wir wissen, was uns wichtig ist, wie wir im Grunde leben möchten.

Innehalten

Nehmen Sie sich doch ein wenig Zeit, um Ihrer inneren Weisheit zu begegnen. Legen Sie Papier und Stift bereit und schließen Sie für einen Moment die Augen. Gönnen Sie sich ein wenig Ruhe. Beobachten Sie Ihren Atem. Richten Sie Ihre Aufmerksamkeit nach innen, in Ihren Herzensraum hinein. Sie können nun folgende Fragen – eine nach der anderen – in Ihren Herzensraum hineinfallen lassen. Versuchen Sie, ohne darüber nachzudenken, möglichst spontan die Antworten auf diese Fragen von innen her zu erspüren und schreiben Sie diese stichpunktartig auf:

- *Was waren die schönsten Momente Ihres bisherigen Lebens?*
- *Was war Ihr bis dato größter Schmerz in Ihrem Leben?*
- *Wie soll das nächste Kapitel Ihrer Lebensgeschichte heißen?*
- *Was würden Sie am liebsten tun, wenn Sie unbeobachtet wären?*
- *Was soll auf Ihrer Todesanzeige über Sie geschrieben stehen?*

Der Prozess der Veränderung

Das Alte loslassen

Wand – Wandlung

Während ich an diesem Kapitel schreibe, beobachte ich eine Hummel, die in meinem Büro gegen die Glasscheibe meines Fensters anfliegt. Wie sehr sie doch kämpft: Immer wieder unternimmt sie einen neuen Anlauf. Draußen vor dem Fenster sind blühende Sträucher. Ja, dort will sie hin. Dort ist auch ihr eigentlicher Platz. Ich öffne den benachbarten Fensterflügel und versuche Sie mithilfe eines Blatts Papier hinauszubugsieren. Erst nach mehreren Anläufen gelingt das Manöver. Endlich ist sie frei – an dem Platz, der für sie von der Natur vorgesehen ist.

Mir ist, als ob die Hummel etwas Wichtiges erzählen möchte …

Geht es nicht auch uns Menschen manchmal so, dass wir an einer Scheibe, an einer Wand angelangt sind, an der es nicht weitergeht? Vielleicht sehen wir durch die Scheibe hindurch und wissen, wohin wir wollen, wo unser eigentlicher Platz ist, aber mit unseren Versuchen, „gegen die Scheibe anzukämpfen", kommen wir nicht weiter. Es ist förmlich zum Verzweifeln: Wir sehen doch das Leben, das wir ersehnen, und doch kommen wir nicht hin. Wir spüren, dass wir nicht mehr an unserem Platz sind. Wir haben uns quasi verflogen bzw. verlaufen. Reflexartig kämpfen wir gegen das Hindernis an, das sich uns in den Weg stellt. Wir strengen uns furchtbar an, laufen – um im Bild zu bleiben – Gefahr, erschöpft die Scheibe runterzurutschen. Womöglich wollen wir aufgeben. So geht es nicht weiter!

So geht es tatsächlich nicht weiter. Wer trotz aller Anstrengung an der Scheibe hängenbleibt, der läuft Gefahr zu resignieren. Das wäre nur verständlich: Ja, *so* geht es nicht weiter. Die Betonung liegt auf dem kleinen Wörtchen „so". So wie bisher geht es nicht mehr. Es braucht etwas anderes. Etwas muss sich wandeln.

Wie bei der Hummel: Die Sehnsucht nach einem anderen Leben mag da sein, aber das Problem ist die undurchdringliche Scheibe zwischen mir und dem Leben, das ich erstrebe. Und gerade da liegt der Schlüssel ... Das Öffnen der Scheibe wird zum Weg ins Freie.

Die Wand kann zum Ort der Wandlung werden.

Und so, wie die Hummel an meinem Fenster nicht aus eigener Anstrengung den Weg hinaus ins Freie finden musste, ist es auch bei uns. Wir dürfen uns helfen lassen. Wir dürfen Unterstützung annehmen.

Vielleicht hätte die Hummel meine Hilfe auch als Bedrohung erleben können. Sie hätte dann versuchen können, mich zu stechen, um sich selbst zu schützen. Ist es vielleicht auch bei uns Menschen oft so, dass wir so sehr an der „Scheibe" kleben, dass wir die Hilfe, die uns angeboten wird, ablehnen? Indem wir eine reflexhafte Schutzstrategie an den Tag legen, erleben wir ein wohlgemeintes Hilfsangebot womöglich als gegen uns gerichtet. Vielleicht kennen Sie eigene Schutzstrategien, wenn Sie selbst nicht weiter wissen. Vielleicht schlagen Sie dann um sich, werden laut, aggressiv, weisen andere ab, „weil die mich nicht verstehen wollen". Oder Sie igeln sich ein, ziehen sich zurück und vermeiden den Kontakt zu anderen. Wie dem auch immer sei …

Die Geschichte der Hummel erzählt mir: Es braucht Mut, sich helfen zu lassen. Es braucht die Bereitschaft, die alten „Kampfstrategien" loszulassen. Es braucht Hingabebereitschaft. Wenn wir spüren, dass wir gegen die sprichwörtliche Wand anlaufen, sind wir nicht mehr am richtigen Platz. Wir brauchen etwas Neues. Um aber etwas Neues bekommen zu können, müssen wir uns auch auf etwas Neues einlassen. Anstatt weiter auf die Wand zu starren oder blindlings dagegen anzukämpfen, lohnt es sich, Abstand von der alten Strategie zu nehmen und uns umzusehen. Wie ist es, wenn ich nicht mit dem Kopf durch die Wand gehe, sondern ein paar Schritte zurücktrete? Was kann ich dann erkennen? Wer oder was ist da noch?

Der Mensch ist ein wandelbares Wesen. Auch im Alter ist unsere Persönlichkeit erstaunlich wandelbar. Zu diesem Ergebnis kommt jedenfalls die Berliner Psychologieprofessorin Jule Specht, die sich seit vielen Jahren wissenschaftlich mit dem Thema Persönlichkeitsentwicklung beschäftigt. Mit zunehmendem Alter werden viele Menschen verträglicher, hilfsbereiter und nachsichtiger. Insbesondere sind es von außen erzwungene Entwicklungen, etwa wenn wir von Vertrautem Abschied nehmen müssen, z. B. durch den Tod des Partners oder einen notwendigen Umzug, die uns helfen, uns selbst nochmals zu wandeln.

Die Angst vor dem Loslassen

Jegliche Furcht rührt daher, dass wir etwas lieben.
Thomas von Aquin

Immer wieder habe ich von Patienten, die in einer Lebenskrise psychotherapeutische Hilfe aufsuchen und sich in ihrer aktuellen Lebenssituation sehr verunsichert fühlen, den Wunsch gehört: Ich möchte wieder der Alte werden! Sie meinen damit meist, dass sie sich endlich wieder kraftvoll fühlen wollen, dass sie sich angesichts der derzeitigen Freudlosigkeit wieder nach Freude sehnen. Dies alles ist sehr, sehr verständlich.

Und doch steckt in dem Wunsch, „wieder der Alte zu sein", auch eine meist unbewusste Angst vor Veränderung, eine Angst vor dem Neuen. Die Betreffenden ahnen womöglich schon, dass es nach der Krise nie mehr so sein wird wie vorher. Auch wenn Kraft und Freude wieder zurückkehren werden, so ist doch ein neues Gleichgewicht im Leben zu finden, es braucht kein Zurück, sondern ein Vorwärts. In der

Weiterentwicklung des Menschen geht es immer wieder um ein Loslassen und ein Neu-Finden ... – auch ein Sich-selbst-neu-Finden bzw. Er-finden.

Was muss ein Mensch im Leben besonders gut können? Wir mögen darauf vielleicht antworten: Er muss für sich selbst gut sorgen können, er sollte Beziehungen eingehen und pflegen können, er sollte sich und andere lieben können. All das hat seine Bedeutung. Damit wir unseren Entwicklungsweg als Menschen gut gehen können, müssen wir aber nicht zuletzt bereit sein, Verluste zu ertragen, Altes loszulassen und uns für das Neue, das noch Unbekannte zu öffnen.

Keine Frage: Loslassen tut weh. Wir versuchen gerne, den Schmerz des Loslassens zu vermeiden. Doch unser aller Leben beginnt damit, dass wir unter Schmerzen geboren wurden. Ohne Schmerzen keine Geburt. Ohne Geburt kein neues Leben. Der Schmerz des Loslassens ist notwendig, um neues Leben zu ermöglichen.

Am Beginn eines Veränderungsprozesses begegnen wir wie gesagt zunächst fast immer einer Angst in uns: Kann ich das Alte, das Vertraute, das mir bisher das Gefühl der Sicherheit vermittelt hat, loslassen? Soll ich es wirklich wagen, mich auf ein neues Abenteuer, eine neue, noch unbekannte Herausforderung einlassen? Die Stimme der Angst in uns ist unüberhörbar.

Aber: Angst ist nicht gleich Angst. Wir müssen unterscheiden zwischen einer normalen Angst und einer problematischen Angst. Angst lebt in jedem von uns. Es gibt kein angstfreies Leben. Wir können nicht ohne Angst sein. Aber wir können lernen, mit der Angst umzugehen.

Reinhold Messner, der bekannteste Extrembergsteiger unserer Zeit, hat es so formuliert: „Angst ist eine Hilfe zu überleben“. In einem Interview anlässlich seines 75. Geburtstages hat er es als die größte Leistung seines Lebens bezeichnet, seine vielen Abenteuer überlebt zu haben. Dabei habe die Angst ihn auf seinen vielen Expeditionen beschützt und bewahrt. In der Tat macht uns die Angst wacher, aufmerksamer. Wir haben Respekt vor einer Aufgabe und gehen Schritt für Schritt an sie heran. Messner erzählt, dass er 1995 in seinem Südtiroler Schloss von der Burgmauer gestürzt sei und sich die Ferse zertrümmert habe, was letztlich das Aus seiner langjährigen Expeditionen bedeutete; in diesem Moment habe er aus Leichtsinn einen „kapitalen Bock geschossen“.

Angst zu empfinden ist etwas sehr Menschliches, es gehört zum Menschsein aller Menschen. Zum Problem aber wird sie etwa dann, wenn wir aus Angst vor der Angst etwas vermeiden. Durch ein solches Vermeidungsverhalten schränken wir unser Leben ein: Unsere Versuche, die eigene ängstliche Unsicherheit zu kontrollieren oder vor der eigenen Angst davonzulaufen, können zu einem lebenszerstörenden Problem werden. Wenn wir Angst haben, müssen wir also vor allem das Vermeiden vermeiden.

Prozesse des Loslassens können auch durch eine zu starke Identifikation mit einer bestimmten Rolle oder Aufgabe sehr erschwert werden. Hat jemand zum Beispiel mit seinen eigenen Händen in mühsamer Arbeit ein Unternehmen aufgebaut und sich ganz mit der Rolle des erfolgreichen Unternehmers identifiziert, wird ihm das Loslassen seines Lebenswerkes, etwa dessen Übergabe an die nächste Generation, sehr schwer fallen. Manchmal braucht es dann eine Krankheit oder gar den eigenen Tod, um – gezwungenermaßen – loszulassen, endlich loslassen zu *können*, vielleicht kann man sagen: um loslassen zu *dürfen*.

Vincent Damon Furnier, als Hard-Rock-Legende bekannt unter seinem Künstlernamen Alice Cooper, hatte ein exzessives Alkoholproblem. Erst als er eine klare Trennung zwischen seiner eigentlichen Identität als Mensch und der Rolle auf der Bühne ziehen konnte, war es ihm möglich, vom Alkohol zu lassen. Er war überzeugt, dass es für ihn tödlich gewesen wäre, seine Identität weiter an der Rolle als Bühnenstar festzumachen; seither müsse er im Privatleben nicht mehr seinen Bühnencharakter spielen, sondern könne es genießen, ein normaler Ehemann, Vater oder Nachbar sein zu dürfen.

Ein übergroßes Sicherheitsbestreben kann es uns ebenfalls schwer machen, zur rechten Zeit loszulassen. Einer meiner Patienten war über viele Jahre in seinem Beruf als Beamter unglücklich. Eigentlich hätte er viel lieber etwas ganz anderes gemacht. Doch der tief in ihm verankerte Glaubenssatz „Lieber den Spatz in der Hand als die Taube auf dem Dach“ und das Vorbild seiner Eltern, die zeitlebens als Beamte gearbeitet hatten, machten es ihm unmöglich, den „Fleischtopf Sicherheit“ loszulassen. Wir alle tragen in uns ein großes Bedürfnis nach Sicherheit. Doch wie viel Lebendigkeit wollen wir auf dem Altar der Sicherheit opfern?

Innehalten

Ich möchte Sie an dieser Stelle einladen, sich in einer Haltung von Wohlwollen und Interesse folgende Fragen zu beantworten:

- *Haben Sie sich in der Vergangenheit schon einmal mit einer Aufgabe, einer Rolle, einem Besitz zu sehr identifiziert?*
- *Halten Sie aktuell an etwas in Ihrem Leben fest, obwohl sie intuitiv wissen, dass Sie es besser loslassen sollten? Was hält Sie noch „in Gefangenschaft“?*
- *Wenn Sie diese Sache loslassen würden, wofür wäre dann der Weg frei? Welche Entwicklungsaufgabe stünde dann in Ihrem Leben an?*

Umgehen mit der Angst

Vielleicht kennen Sie auch Momente, in denen Sie sich vor lauter Angst wie getrieben fühlen. Sie laufen im Raum hin und her. Sie fangen dies oder das an, ohne es wirklich zu Ende zu bringen. Sie fühlen in sich eine große Unruhe, ihr Herz scheint zu rasen, Sie können kaum atmen, so beklemmend fühlt es sich in Ihrer Brust an. Sie haben den Eindruck, keinen klaren Gedanken mehr fassen zu können. Oder Sie fühlen sich wie gelähmt, unfähig, überhaupt irgendeine Entscheidung zu treffen und etwas anzufangen. Sie ziehen sich sozusagen die Decke über den Kopf und würden sich am liebsten wirklich ins Bett verkriechen … Die Angst, die Sie empfinden, ist „ungeheuer groß".

Glauben wir, dass die Angst ein Ungeheuer ist, dem wir ausgeliefert sind, dann werden wir uns ihr gegenüber so verhalten, wie wir uns eben einem Ungeheuer gegenüber verhalten würden. Und wir bekommen Angst vor der Angst. Also versuchen wir uns zu verstecken. Wir trauen uns womöglich lange gar nicht mehr aus unserem Versteck heraus, denn das Ungeheuer könnte ja da draußen noch immer frei herumlaufen. Wir vermeiden alles, was das Angstungeheuer wieder auf den Plan rufen könnte. Wagen wir uns dann doch vorsichtig aus dem Versteck, ist es – schwups – wieder da. Wussten wir es doch: Es ist größer und stärker als wir; wir werden es nie los! Sobald wir versuchen, das, was uns Angst macht, in Angriff zu nehmen, ist das Angstungeheuer wieder da. Es bleibt uns nichts anderes übrig, als uns zurückzuziehen und alles zu vermeiden, was das Angstungeheuer unnötig provozieren könnte!, denken wir – und werden zum Gefangenen unserer Angst.

Was aber würde passieren, wenn wir realisieren, dass es in der Realität gar keine Ungeheuer gibt? Diese existieren nur in Fantasyromanen und eben in unserem Kopf, der sich in seinem Fantasiereichtum allerhand auszudenken vermag. Stellen Sie sich vor, Sie erkennen, dass die Angst, die Sie bisher für ein Ungeheuer gehalten haben, in Wahrheit ein kleines verängstigtes Wesen, ihr „inneres Kind" ist. Hoppla! Was wäre das angemessene Verhalten gegenüber diesem Ihrem Angst-Kind? Wie würden Sie sich beispielsweise gegenüber einem kleinen Kind, das von seinem Fahrrad gefallen ist, sich dabei das Knie blutig geschlagen hat und Angst hat, jemals wieder das böse Fahrrad zu besteigen, verhalten? Vermutlich würden Sie zunächst versuchen, das Kind zu trösten. Sie würden ihm das blutende Knie verarzten und das Kind beruhigen. Und dann würden Sie es sicherlich ermutigen wollen, wieder auf das Fahrrad aufzusteigen. Vielleicht würden Sie ihm anbieten, eine Weile neben dem Fahrrad herzulaufen. So lange, bis es mutig genug ist, alleine weiterzufahren. Dies wäre ein angemessener Umgang mit einem verängstigten kleinen Kind.

„Wo die Angst ist, da geht es lang!" – Dies ist ein zunächst vielleicht sehr irritierender Satz, aber für einen therapeutischen Umgang mit der Angst zugleich ein sehr treffender Satz. Die Angst enthält immer eine Botschaft: Sie erzählt uns etwas von unserer Lebenssehnsucht. Haben wir zum Beispiel große Angst davor, verlassen zu werden oder einsam und allein zu sein, so könnte dies bedeuten, dass Verbundenheit und Zugehörigkeit für uns einen großen Wert darstellten.

Angst zu empfinden ist wie gesagt völlig normal. Angst gehört zu den Grundbefindlichkeiten des menschlichen Lebens. Es gibt kein Leben ohne Angst. Aber es gibt ein glückliches und gelingendes Leben mit der Angst. Die Angst ist der zuverlässige Begleiter in allen Veränderungsprozessen. Und sie darf das auch sein!

So wie wir mit einem verängstigten Kind freundlich und zugleich klar sprechen werden, um es letztlich wieder zu ermutigen, so braucht auch unsere innere Angst unsere Freundlichkeit, unser Wohlwollen, unsere Ermutigung, unsere Klarheit.

Immer wenn wir etwas Neues wagen wollen, wird sich zunächst unser verängstigtes inneres Kind melden. Wollen Sie beispielsweise Ihren Job kündigen, um etwas Neues zu beginnen, werden womöglich noch einmal die alten kindlichen Ängste hochkommen, nicht gut genug zu sein. Vielleicht haben Mama und Papa damals auch gesagt: „Das kannst du doch noch nicht!“ All das kann unbewusst vorhanden sein.

Bevor wir etwas Neues wirklich beginnen können, werden wir nochmals zurückgeschickt; die Angststimme schickt uns noch einmal in die Erfahrungen unserer Kindheit zurück.

Damals hatten wir vielleicht das Gefühl, den Ansprüchen der Eltern nicht zu genügen, in ihren Augen nicht gut genug zu sein (auch wenn es womöglich gar nicht so war). Wir haben gemeint, diese alten Ängste längst überwunden zu haben, doch plötzlich tauchen Sie aus einer verstaubten Ecke unseres Inneren wieder auf. Obwohl wir zwischenzeitlich so viel in unserem Leben gemeistert haben, meldet sich wieder die Stimme der Angst.

Jetzt braucht es einen neuen, schöpferischen Umgang mit dieser Stimme. Damals als Kind fühlten wir uns sehr von der Anerkennung und Liebe unserer Eltern abhängig. Doch jetzt dürfen wir uns zu Recht sagen: Wir sind nicht mehr abhängig von der Zustimmung unserer Eltern. Wir sind erwachsen. Wir dürfen entscheiden.

Vielleicht hilft es Ihnen in einem solchen Moment, einen inneren Dialog zu führen. Der gesunde erwachsene Mensch von heute spricht mit dem verängstigten Kind von damals. Er könnte dem ängstlichen Kind versichern, dass er gut auf die neue Aufgabe vorbereitet ist. Dass er wirklich in der Lage ist, diesen Schritt zu gehen. Und was auch immer geschehen wird: Der gesunde Erwachsene von heute wird nicht weggehen. Er wird Verantwortung übernehmen und das kleine verängstigte Kind einladen, doch mit dabei zu sein.

Nachfolgend möchte ich Ihnen eine kleine Übung vorstellen, die Ihnen in einem Moment ängstlicher Verunsicherung hilfreich sein kann.

Entsprechend unseren inneren Gefühlszuständen verändert sich auch der Fluss unseres Atems. Sind wir innerlich angespannt und ängstlich, so werden auch unsere Atemzüge unwillkürlich kürzer und oberflächlicher. Umgekehrt können wir aber auch über die Beobachtung und bewusste Veränderung unseres Atemflusses unsere innere Gefühlslage positiv beeinflussen. Mit der folgenden Übung möchte ich Sie einladen, sich in Zeiten ängstlicher Angespanntheit etwas Gutes zu tun, indem Sie durch die Konzentration auf Ihren Atem Abstand zu den beängstigenden Gedanken herstellen und durch die willentliche Veränderung Ihres Atemrhythmus wieder etwas mehr Ruhe und Entspannung in sich spüren können.

Innehalten

Nehmen Sie eine für Sie angenehme Körperposition ein, bei der Sie möglichst frei Ihren Atem fließen lassen können. Dies kann im Sitzen, Liegen oder Stehen sein.

Nun schließen Sie die Augen und atmen zehn Mal bewusst ein und aus, ohne den natürlichen Atemfluss verändern zu wollen.

Anschließend halten Sie Ihren Atem so lange an, wie es für Sie möglich ist, ohne sich zu sehr anzustrengen.
Dann atmen Sie nochmals für zehn Atemzüge ein und aus, bevor Sie erneut Ihren Atem für einen kurzen Moment anhalten.
Abschließend nehmen Sie nochmals zehn ruhige und entspannte Atemzüge.

Traurigkeit und Wut

Wenn wir in unserem Leben mit dem Thema „Loslassen" konfrontiert werden, begegnen wir nicht nur einem Gefühl der Angst, sondern in uns melden sich auch andere intensive Gefühle, vor allem Traurigkeit und Wut. Beide sind wichtige Aspekte eines Trauerprozesses. Loslassen bedeutet immer auch Abschiednehmen. Es gilt, etwas, was unwiderruflich vorüber ist und nicht mehr geändert werden kann, hinzunehmen. Dies ist eine zentrale Aufgabe eines jeden Trauerprozesses.

Wir mögen bei dem Gedanken an Trauer zunächst an den Tod eines nahen Menschen denken. In solchen Situationen gestehen wir uns selbst und anderen zu, dass wir diesen Verlust betrauern dürfen. Doch auch jeder andere endgültige Verlust – sei es unserer körperlichen Unversehrtheit, sei es der des Arbeitsplatzes, sei es der einer bisher für uns bedeutsamen sozialen Rolle – bedarf eines Trauerprozesses. Die Frage ist, ob wir uns dies wirklich zugestehen und diesem Prozess in uns genügend Zeit und Raum geben.

Beim Tod eines Menschen unterscheiden wir gewöhnlich zwischen einem natürlichen Tod aufgrund einer zum Tode führenden Krankheit und einem unnatürlichen Tod, der durch äußere Einflüsse wie Gewalt, Unfall, Suizid herbeigeführt wird. Im letzteren Fall wird der Trauerprozess meist erschwert, da unterschiedlichste Vorwürfe sich auf sehr quälende Weise über die Trauer legen können. Hätte es verhindert werden können? Habe ich etwas übersehen? Haben andere einen Fehler gemacht? Immer wenn wir auf der Suche nach möglichen Versäumnissen vermeintlich fündig werden, sind Schuldgefühle (uns selbst betreffend) oder Schuldvorwürfe (in Richtung anderer) die zwangsläufige Folge. Wir suchen Erklärungen für Unerklärliches, was wiederum heftige emotionale Reaktionen in uns auslösen kann. Wir können uns selbst die Schuld geben oder finden einen anderen, den wir innerlich schuldig sprechen, egal ob er im juristischen Sinne eine reale Schuld auf sich geladen hat oder nicht. Manche Hinterbliebene machen sich auch beim natürlichen Tod eines Angehörigen Vorwürfe: Sie werfen sich vor, zu seinen Lebzeiten etwas versäumt zu haben. Hätten sie nicht dies oder jenes noch rechtzeitig sagen oder tun sollen? – Manche derartige Fragen sind müßig und wenig dienlich. Immerhin können Schuldgefühle dazu benutzt werden, eine

Verbindung zum Verstorbenen aufrechtzuerhalten. Zermürbende Selbstanklagen und Wut auf uns selbst oder auf andere aber helfen, so verständlich sie auch sein mögen, so schwer sie womöglich eine Zeitlang zu vermeiden sind, letztlich niemandem.

Auch bei anderen Prozessen des Loslassens, des Abschiednehmens macht es einen Unterschied, ob etwas auf „natürliche" oder „unnatürliche" Weise zu Ende geht. So ist es beispielsweise etwas ganz anderes, ob wir unsere bisherige Berufstätigkeit durch Berentung mit einer entsprechenden Würdigung unserer Lebensarbeitsleistung aufgeben oder ob wir etwa durch eine Mobbingerfahrung und einer damit einhergehenden schweren Kränkung unseren Arbeitsplatz verlieren. Im letzteren Fall ist es viel schwerer, die bisherige Aufgabe gut loszulassen. Unbewältigte Kränkungen können zu lang anhaltenden Verletzungen und einem extrem starken Wutempfinden führen.

An dieser Stelle möchte ich Ihnen folgende Erfahrung eines meiner Patienten skizzieren:

Karl war Anfang 50, als er nach einer über viele Jahre währenden Tätigkeit als Geschäftsführer einer Zeitarbeitsfirma von seinen beiden anderen Geschäftspartnern aus dem gemeinsamen Unternehmen regelrecht hinausgeekelt wurde. Obwohl er sich in der Rückschau einerseits sagen konnte, dass er froh war, dadurch seine zuletzt sehr verhasste Tätigkeit aufgeben zu können, war er andererseits durch das Agieren der beiden anderen Geschäftsführer tief gekränkt.

Aus der Kränkungsgeschichte wurde schließlich eine jahrelange Leidensgeschichte. Gerichtlich versuchte sich Karl Recht zu verschaffen, sich vielleicht auch ein wenig zu rächen, was aber zu immer neuen Scharmützeln führte. Obwohl ihm das Gericht letztlich eine hohe Geldsumme zusprach, konnte er die erlittene Kränkung nicht wirklich überwinden und wurde selbst krank. Erlittene Verletzungen und Kränkungen, Schuldgefühle oder Schuldvorwürfe mit dem dazugehörigen Gefühl der Wut können den Prozess des Loslassens erheblich erschweren. Immer wieder wird die Wut zu einer Klammerbewegung, die das Vergangenes festhält und erlittenes Unrecht als Waffe gegen den anderen benützen möchte. Letztlich braucht es eine innere Bereitschaft, sich auszusöhnen, einem anderen und auch sich selbst innerlich zu vergeben, um in einer derartigen Situation gut loslassen zu können.

Grundsätzlich können wir umso leichter ein neues Kapitel unseres Lebens beginnen, je besser wir ein altes, zu Ende gegangenes Kapitel abschließen konnten.

Traurigkeit und Wut

In einem magischen Königreich … gab es mal einen wundersamen See. Es war eine Lagune mit kristallklarem Wasser, darin schwammen Fische in allen nur denkbaren Farben und sämtliche Schattierungen von Grün spiegelten sich darin. Zu diesem magischen kristallklaren See kamen eines Tages einander Gesellschaft leistend die Trauer und die Wut, um ein Bad zu nehmen. Die beiden legten ihre Kleider ab und stiegen nackt in den See. Die

Wut, die es immer eilig hatte und gehetzt war, ohne zu wissen warum, tauchte schnell unter und stieg dann noch schneller wieder aus dem Wasser … Aber die Wut ist blind, oder zumindest nimmt sie die Realität nicht richtig wahr, und so zog sie sich, als sie nackt und gehetzt aus dem Wasser kam, die erstbesten Kleider an, die sie fand … Und es geschah, dass es nicht ihre Kleider waren, sondern diejenigen der Traurigkeit. Und die Wut ging als Traurigkeit verkleidet davon.
Ganz ruhig und gelassen, wie immer gerne bereit, an einem Ort zu verweilen, beendete die Traurigkeit ihr Bad und entstieg langsam und ohne jede Hast (oder vielmehr ohne jedes Zeitgefühl) dem See. Am Ufer stellte sie fest, dass ihre Kleider verschwunden waren. Wie wir alle wissen, mag es die Traurigkeit nicht, nackt und bloß dazustehen. Und so zog sie sich die Kleider an, die noch am See lagen: die Kleider der Wut.
Seit damals, so heißt es, begegnet man immer wieder der grausamen, blind um sich schlagenden Wut. Doch wenn wir uns die Zeit nehmen und genau hinschauen, erkennen wir, dass die Wut, die wir sehen, nur eine Verkleidung ist, eine Maske. Und dass sich hinter der Maske der Wut in Wirklichkeit die Traurigkeit verbirgt. Und bei genauem Hinsehen verbirgt sich im Kleid der behäbigen, schweren und intensiven Traurigkeit oftmals auch die Wut.

(Jorge Bucay)

Anspringen alter Stressmuster

Viele schüttelten die Köpfe über die Hamsterkäufe zu Beginn der Coronakrise. Waren die Hamsterkäufe von Nudeln und anderen haltbaren Lebensmitteln vielleicht noch irgendwie nachvollziehbar, so war es doch verwunderlich, dass gerade Toilettenpapier massenweise gehamstert wurde. Offenbar war dies nicht nur ein deutsches Phänomen, wie viele glaubten; am anderen Ende der Welt gab es Ähnliches zu beobachten. So kam es in Australien zu einem derartigen Ansturm auf Klopapier, dass in der Stadt Tamworth Polizeibeamte in einen Supermarkt gerufen wurden; Zeitungsberichten zufolge mussten die Beamten sogar einen Elektroschocker gegen einen Kunden einsetzen, der im Streit um eine Packung handgreiflich geworden war. Daraufhin rationierte die Supermarktkette den Verkauf, und eine Boulevardzeitung produzierte eigens eine Sonderbeilage mit mehreren weißen Seiten zum Herausnehmen für den Notfall. Wie lässt sich das verstehen? Nun, bekanntlich entwickeln wir insbesondere in der sogenannten analen Phase ein starkes Bedürfnis nach Autonomie; wir wollen nicht die Kontrolle verlieren. Wenn dann aber alles Mögliche unkontrollierbar geworden ist und eine große Verunsicherung eingetreten ist, möchte der Mensch offenbar wenigstens über „die letzten Dinge", die eigene Defäkation, die Kontrolle behalten …

Krisen lösen in uns allen sehr unangenehme Gefühle wie Angst, Unsicherheit, Wut, Ohnmacht oder

Hilflosigkeit aus. All das, was wir am liebsten nicht spüren würden, kann sich in solchen Phasen unseres Lebens wieder bemerkbar machen. Wir werden wieder an alte Schmerzen, an Erfahrungen der Angst, Unsicherheit, Wut, Ohnmacht oder Hilflosigkeit aus frühen Tagen erinnert. Wir alle mussten ja auf die ein oder andere Weise, mehr oder weniger intensiv bereits in unserer Kindheit damit Bekanntschaft machen.

Durch Krisen kommen wir nicht zuletzt mit den – meist verdrängten – Erfahrungen unseres Lebens in Kontakt, in denen wir keine Kontrolle hatten, zum Beispiel Verluste, tiefe Verletzungen, schwere Enttäuschungen. Wie furchtbar war es doch, sich als Kind so ohnmächtig, so ausgeliefert, so verunsichert gefühlt zu haben! Längst „vergessene" Erinnerungen können aufbrechen, frühe Erfahrungen der Unsicherheit zum Vorschein kommen. Vielleicht haben wir uns innerlich geschworen, so etwas nie wieder erleben zu wollen, und diese alten Verletzungen in einer Kiste weggepackt. Und nun erinnert uns die Krise an solche unangenehmen Erfahrungen.

Doch genau darin steckt die Chance: Waren wir als Kinder in bestimmten Situationen tatsächlich hilflos den „Großen" und dem Leben ausgeliefert, so sind wir es jetzt nicht mehr. Wir können in der aktuellen Krise eine neue, eine andere Erfahrung machen. Eine Erfahrung, die uns hilft, die alten Gefühle nicht einfach wieder wegzupacken, sondern sie schließlich wirklich bewältigen zu können. Durch eine Krise können wir die Erfahrung machen, dass wir im Hier und Jetzt nicht mehr die hilflosen Kleinen sind, sondern selbst schöpferisch tätig sein können. Wir können eine Weise finden, wie wir die Krise und die damit einhergehenden Gefühle tatsächlich bewältigen können. Wir können lernen, anders zu reagieren als damals. Wir können, statt nur passiv etwas zu ertragen, aktiv einen Prozess mitgestalten. Wir können erfahren, welch große schöpferische Kraft in uns liegt, und wir können und dürfen uns auch die notwendige Unterstützung von außen holen.

Indem wir bereit sind, anzuerkennen, dass aktuelle Krisen immer auch alte vergangene krisenhafte Situationen zutage fördern und alte verdrängte Gefühle wieder fühlbar werden, können wir erfahren: Im „zweiten Mal" liegt die Chance einer Befreiung vom „ersten Mal". Entscheidend ist, sich darauf zu konzentrieren, was wir jetzt besser machen können, statt darauf, was wir damals vielleicht hätten besser machen sollen.

Auf diese Weise können tatsächlich nach und nach aus leidvollen Situationen heilsame Veränderungen resultieren. Wir können alte Verletzungen in einem neuen Licht sehen. Vor allem aber können wir uns mehr und mehr selbst als Gestalter unseres eigenen Lebens erleben.

Innehalten

Gerade wenn wir wieder mit sehr unangenehmen Erinnerungen aus unserer Kindheit in Kontakt kommen, ist es wichtig, dass wir unsere Vergangenheit – und damit auch uns selbst – nicht auf diese schwierigen Erfahrungen reduzieren.

Wir sind viel mehr als das!

Dabei kann uns helfen, dass wir uns bewusst an das Gute und das Unterstützende unserer Kindheit erinnern.

Ich möchte Sie einladen, sich mindestens zehn Ereignisse zu vergegenwärtigen, in denen Sie Schönes in Ihrer Kindheit erfahren haben.
Vielleicht war es das Klettern auf Ihren Lieblingsbaum, das Herumtollen mit einem Hund, ein besonderes Spiel, das Sie geliebt haben ... – was auch immer es sei, machen Sie sich diese Perlen Ihrer Kindheit bewusst!
Und schreiben Sie mindestens zehn solcher Ereignisse auf. Es dürfen natürlich auch mehr sein, aber weniger als zehn sollten es nicht sein.

Die Fülle sehen

Wenn wir etwas Altes loslassen müssen, neigen wir dazu, nur das zu sehen, was wir verlieren. Werde ich ohne diesen Verlust zurechtkommen? Werde ich je wieder glücklich sein können? Solche und ähnliche Fragen mögen uns umtreiben. Die Gefahr besteht darin, uns zu sehr auf das zu fokussieren, was wir loslassen müssen, und ihm zu viel Bedeutung beizumessen.

In dieser Phase ist es umso wichtiger, dass wir uns dafür *entscheiden,* auch die Fülle des Lebens sehen zu wollen. All das, was wir an Lebendigkeit und Lebensmöglichkeiten in uns tragen. Die Fülle des Lebens um uns herum.

Indem wir bei aller Trauer über das Verlieren unseren Blick öffnen für das, was alles gut ist, kann allmählich auch wieder mehr Freude und Gelassenheit in unser Leben hineinkommen.

Fülle hat viel damit zu tun, dass etwas in Leichtigkeit geschehen kann. Ich kann dann darauf vertrauen, dass meine wahren Bedürfnisse gestillt werden – auch wenn ich etwas Bedeutsames loslassen muss. Immer wenn wir etwas Sinnhaftes in dem, was sich gerade ereignet, sehen können, sind wir in Verbindung mit der Fülle des Lebens: Wir empfinden eine tiefe Stimmigkeit, die – fast ganz nebenbei – Freude schenkt; wir kommen in Berührung mit der Fülle unseres Lebens. Ähnlich ist es, wenn wir uns über einfache Dinge aufrichtig freuen, einen Moment des Glücks erfahren.

Noch etwas kann uns helfen, wenn wir Vertrautes hinter uns lassen müssen und in uns das Gefühl von Ungewissheit Raum greifen will: der jetzige Augenblick. Oft geht ja in solchen Zeiten der Blick zurück in die Vergangenheit: Wir bedauern, was so nicht mehr ist. Oder wir blicken voller Bangen in die Zukunft und fragen uns, wie es wohl werden wird. Wir können uns aber auch darauf konzentrieren, was *jetzt gerade* wirklich ist, auf das, was sich im Hier und Heute ereignet. Und im Blick darauf können wir verstehen, was *jetzt* das Sinnvollste ist. Wir nehmen so wahr, was jetzt ganz real ist. Und wir können entdecken, dass sich uns darin vielleicht sogar etwas von der Fülle des Lebens und seinen Möglichkeiten zeigen möchte.

Indem wir die Augen öffnen für das Gute und Schöne um uns herum, können wir Hoffnung und Zuversicht schöpfen. Gerade der offene Blick in die Natur ist ein Moment der Herzöffnung: Ich kann die Pracht, die Schönheit und die Vielfältigkeit der Natur wieder neu entdecken und dadurch Trost erfahren.

Für mich war es eine wahre Wohltat, den Blick in die Natur streifen zu lassen, als in der ersten Corona-Welle immer neue Schreckensnachrichten durch Zeitungen und übers Internet auf uns einströmten. Jede aufbrechende Knospe, jedes Lied eines Vogels im Garten schien die ermutigende Botschaft übermitteln zu wollen: Das Leben geht weiter, es gibt ein Leben nach dieser Krisenzeit. Wenn wir uns entscheiden, die Augen zu öffnen für die kleinen und großen Zeichen, die von der Fülle des Lebens sprechen, „er-füllt“ uns das selbst wiederum mit Zuversicht und Hoffnung. Und wir haben die Möglichkeit, selbst zur Fülle des Lebens beizutragen.

Innehalten

Mit dieser Übung möchte ich Sie einladen, sich den Reichtum Ihres bisherigen Lebens zu vergegenwärtigen.

Nehmen Sie sich ein Blatt Papier und einen Stift. Gönnen Sie sich eine Zeit der Ruhe. Erinnern Sie sich, wer Ihnen in Ihrem Leben etwas Gutes getan hat.

- *Wer hat Sie in Ihrer Kindheit unterstützt?*
- *Wer hat Sie in Ihrer Jugend gefördert und begleitet?*
- *Wer war für Sie da, wenn Sie als erwachsener Mensch Hilfe benötigt haben?*
- *Wer ist für Sie heute noch ein „nährender" Mensch?*

Schreiben Sie mindestens 30 Namen auf dieses Blatt – und dazu jeweils einen Gedanken, wofür Sie dieser Person dankbar sind.

Nehmen Sie bewusst wahr, wie es Ihnen nach dieser Übung geht. Hat sich etwas in Ihnen verändert?

Die Kraft der Rituale

Wir können es uns nicht oft genug vor Augen halten: Je bewusster und klarer wir etwas Altes loslassen, desto offener sind wir für das Neue, das da kommen möchte. Es stellt sich in diesem Prozess immer wieder die Frage: Bin ich wirklich bereit, das Alte loszulassen – mit all dem Gelungenen, aber auch mit dem noch Unvollendeten? Je kraftvoller wir diese Frage mit einem vollen JA beantworten können, desto besser gelingt der Ablösungsprozess.

Eine wertvolle Hilfe können dabei Rituale sein: Gerade an Schwellen unseres Lebens können sie eine große Unterstützung darstellen. Sie verweisen auf eine Tiefendimension unseres Lebens, bringen uns in Kontakt mit einer größeren Kraft und verbinden uns mit der Ganzheit des Lebens.

In meiner therapeutischen Arbeit habe ich viele Male erlebt, wie ein Ritual den inneren Entschluss loszulassen auf eine sehr stärkende Weise zum Ausdruck bringen kann. Darin liegt viel Segen, der den notwendigen Abschied auf eine gute Weise unterstützen kann.

Solche Rituale können wir ganz allein für uns ausführen – oder wir lassen andere daran teilhaben, die sie so gewissermaßen „bezeugen" und dadurch noch eindrücklicher für uns werden lassen. So kann ich zum Beispiel meine Partnerin oder einen besten Freund dazu einladen, einem kleinen Ritual beizuwohnen, in dem ich etwa feierlich meinen Entschluss bekräftige, dass ich bereit bin, etwas Altes loszulassen.

Ein sehr schönes Beispiel eines solchen „bezeugten Rituals“ erzählte mir eine Patientin namens Maria.

Nach der Scheidung war es ihr und ihrem Ex-Mann Robert ein gemeinsames Anliegen, keinen Rosenkrieg miteinander zu führen, sondern möglichst friedvoll mit der neuen Wirklichkeit umzugehen. Sie baten daher ihre beiden erwachsenen Kinder zu einem kleinen Ritual. Maria und Robert erklärten in Gegenwart der beiden Kinder, dass sie ihre Ehe nun als vollendet betrachteten. Beide versprachen vor den anwesenden Kindern, dass sie künftig gut miteinander umgehen möchten. Sie gestalteten dazu eine kleine Zeremonie, um sich und ihren beiden Kindern zu verdeutlichen, wie ernst und wichtig ihnen diese beiderseitige Entscheidung war. Maria berichtete, wie froh die Kinder waren, dass sie Teil dieses Rituals sein durften. Beide konnten daraufhin unbeschwert sowohl mit ihr als Mutter als auch mit ihrem Vater eine je eigene Beziehung pflegen, ohne das Gefühl zu haben, dem jeweils anderen Elternteil illoyal zu sein. Aber auch ihr, Maria, half dieses Ritual bei den weiteren Begegnungen mit Robert ungemein.

Die Phase des Übergangs

Zwischen dem Alten, das nicht mehr trägt, und dem Neuen, das gesucht werden will, entsteht eine Phase des Übergangs. Eine Zeit, in der wir spüren, dass das Bisherige so nicht mehr trägt oder gar nicht mehr zur Verfügung steht. Gleichzeitig sind wir im Neuen jedoch noch nicht angekommen. Wir spüren, dass wir uns in einer Art „Übergang", in einem Durchgangsstadium befinden, in dem wir noch nicht genau sehen können, wie sich das Neue manifestieren will.

Übergänge sind Brücken, die Verbindung herstellen

Der Übergang kann kurz sein oder als quälend lang erlebt werden. Wie dem auch sei, die Zeit des Übergangs ist eine Brückenzeit. Eine Brücke ist von einem Ufer zum anderen Ufer gespannt und hat die Aufgabe, eine Verbindung herzustellen. Der Weg auf der Brücke geht nicht ins Bodenlose, auch wenn es uns auf ihr ein wenig mulmig sein mag: Es fühlt sich anders an als auf der Uferseite.

Eine Brücke verbindet die Seite, von der wir kommen, mit der anderen, zu der wir hin wollen. Wie eine Brücke ist die Übergangsphase vom Alten zum Neuen. Und nur ganz selten fühlt es sich in Krisenzeiten so an, als ob es sich um eine feste, steinerne Brücke handeln würde. Es kommt einem eher so vor, als befinde man sich auf einer frei schwingenden Hängebrücke über einen Canyon oder ein tief unter uns liegendes Flussbett. Letztlich ist eine Brücke eben immer auch ausgespannt zwischen oben und unten, zwischen Himmel und Erde.

Es kann wichtig sein, diese Brücke achtsam zu betreten. Anders gesagt: Es geht darum, nicht die Balance zu verlieren und gut auf das eigene innere Gleichgewicht zu achten. Vielleicht ist es notwendig, Hilfe anzunehmen. Wie wohltuend kann es sein, dass ein anderer mit mir geht oder mir vorausgeht, um mich zu ermutigen. Gerade in einer Zeit, in der wir aus bisher Bekanntem herausgetreten sind, um das noch Unbekannte zu entdecken.

Gehen wir also behutsam, Schritt für Schritt; drosseln wir, wenn nötig, unser Tempo. Und nochmals: Wir dürfen Hilfe zulassen, auch professionelle Hilfe.

All das, was unser Gleichgewicht stören könnte, gilt es zu vermeiden, um am Ende der Brücke sicher auf festem Grund anzukommen.

Die Zeit des Übergangs, der Verunsicherung ist eine Zeit großer Intensität.

Innehalten

Folgende Fragen können hilfreich sein, wenn Sie sich derzeit selbst in einer Übergangssituation befinden:

- *Wie gehe ich über meine Brücke?*
- *Wohin führt sie mich?*
- *Mit wem bin ich gemeinsam unterwegs? Wer hilft mir, den Weg über die Brücke zu wagen?*
- *Welche Brücken bin ich bereits gegangen?*
- *In welcher Weise ist diese Zeit des Übergangs auch eine Gelegenheit, meine eigenen Fähigkeiten zu stärken?*

Wichtig ist bei all dem die Gewissheit: Die Phase des Übergangs stellt eine Verbindung her! Ich brauche keine Angst zu haben, dass ich nicht ankommen könnte. Gehe ich Schritt für Schritt auf der Brücke weiter, so werde ich auf der anderen Seite ankommen.

Umgang mit Hindernissen

Oftmals machen wir die Erfahrung, dass Übergangssituationen nicht einfach sind, dass nicht alles glatt, nicht „wie geschmiert“ geht. Es tauchen Hindernisse auf, Schwierigkeiten, die uns herausfordern. Was wir gewöhnlich als Hindernisse oder Schwierigkeiten auf unserem Weg bezeichnen, können wir auch als Herausforderung der Kräfte betrachten. Wir können tatsächlich die Erfahrung machen, dass unsere eigenen Kräfte wachsen, als ob uns von außen eine Kraft zuwachsen würde. Unser ganzer Mut ist gefragt, uns auf neue Wege zu begeben und darauf zu vertrauen, dass wir dabei wachsen und reifen. Es geht darum, Anforderungen anzunehmen, ohne dabei in die Überforderung zu gehen; dem eigenen Weg treu zu bleiben bei all den Versuchungen, die sich unterwegs ergeben mögen.

Hindernisse können im Innern liegen, aber auch von außen kommen. Nehme ich in mir innere Barrieren wahr, so kann ich mich mit diesen auseinandersetzen, um meinen Weg umso entschlossener fortzusetzen. Taucht eine Angst auf, kann ich diese betrachten, sie erst einmal „mitnehmen" und mit ihr zusammen weitergehen, statt vorschnell aufzugeben oder einfach stehen zu bleiben.

Das Nicht-Wissen

Es war am Karsamstag 2020, als eine Bekannte mir angesichts der Ungewissheit der Coronakrise ihr Herz ausschüttete: „Ja, ich gebe es zu: Ich mache mir Sorgen. Sorgen, dass nahestehende Menschen erkranken. Sorgen, dass es vielleicht noch sehr lange dauert, bis wieder Normalität in den Alltag kehrt. Ich mache mir Sorgen, dass ich und andere den Arbeitsplatz und damit die Existenzgrundlage verlieren könnten. Ja, ich gebe zu, dass diese Sorge, diese Ungewissheit auch manchmal in große Angst umschlägt. Und ich frage mich: Wie lange muss ich, müssen wir das noch aushalten?"

Ostern ist das zentrale Fest der Christenheit. Während an Karfreitag des Kreuzestodes Jesu gedacht wird, feiern die Christen weltweit am Ostersonntag die Auferstehung Jesu von den Toten. Doch es gibt eine Zeit zwischen Tod und Auferstehung, eine Zwischenzeit - sozusagen zwischen Himmel und Erde. Der Karsamstag steht für diese Zeit der Ungewissheit. Er ist traditionell kein Festtag, sondern ein Werktag, an dem ganz alltägliches Leben stattfindet.

Vielleicht ist dies bezeichnend für unsere eigene Lebenswirklichkeit. Immer wieder gibt es eine Art Zwischenzeit, eine Zeit der Verunsicherung, eine Zeit des Nichtwissens. Unumstößlich steht fest, dass etwas in unserem Leben nicht mehr so ist, wie es war. Etwas ist vorbei. Etwas muss losgelassen werden. Und dann ist da nicht sofort und unmittelbar die Erfahrung des Neuen, das wir freudig begrüßen können, sondern da gibt es diese all-tägliche Zeit des Ungewissen. „Am dritten Tag" geschah nach biblischer Tradition die Auferstehung - und eben nicht am nächsten Tag, nicht unmittelbar danach.

Solche Zeiten der Verunsicherung sind wie eine Art kreatives Spannungsfeld zwischen dem Alten und dem Neuen. Wir müssen in gewisser Weise wieder einen Neuanfang finden. In dieser Phase des Übergangs sind wir wieder Novizen.

Es gilt zunächst, die Verunsicherung auszuhalten. Wir befinden uns in einer Art Suchbewegung, wie wir mit der veränderten Situation zurechtkommen können. Etwas ist im Wandel, ob es mein bisheriges Verhältnis zu mir selbst ist, meine Beziehung zu meiner sozialen Umwelt oder meine Rolle in der Gesellschaft …, und die Veränderungen in dieser Phase des Übergangs halten mich in Spannung.

Solche Zeiten der Verunsicherung sind ideale Voraussetzungen, um uns in einer Haltung des Nichtwissens zu üben. Gewöhnlich tun wir so, als ob wir Wissende wären, unser Leben im Griff hätten, das Leben kontrollieren könnten und genau Bescheid wüssten, was richtig und was falsch ist. Als Menschen in einer hochtechnisierten Welt mit all den Absicherungen und vermeintlichen Sicherheiten erleben wir es als besonders bedrohlich, wenn wir spüren: Hier entzieht sich etwas unserer Kontrolle, hier geschieht etwas, was wir nicht kontrollieren können.

Immer wenn etwas in unserem Leben zum ersten Mal geschieht, betreten wir Neuland. Da spüren wir in aller Deutlichkeit: Wir sind Nichtwissende. Und manchmal betreten wir alle zusammen Neuland, etwa zu Beginn der Coronapandemie, als wir in einer Art „kollektiven Nichtwissens" vereint waren, ohne dass jemand ein Patentrezept zur Hand gehabt hätte.

Kommen mehrere Veränderungen zeitgleich auf uns zu, kann sich das gar wie ein Epochenwandel in unserem Leben anfühlen. So war es beispielsweise bei einer lieben Freundin von mir, von der ich an dieser Stelle erzählen möchte:

Im Leben von Cornelia ergaben sich durch den unerwarteten Tod ihrer beiden engsten Freundinnen, den Scheidungswunsch ihres langjährigen Ehemannes, Umstrukturierungen an ihrem bisherigen Arbeitsplatz und einen dadurch notwendig gewordenen Ortswechsel so viele Veränderungen, dass sie sich vor die Frage gestellt sah: „Was ist, wenn all das, was mir bisher vermeintlich Halt und Sicherheit im Leben geschenkt hat, innerhalb kürzester Zeit wegfällt?"

Nach einer ersten Phase des Haderns und Ringens kam Cornelia für sich zu einer tiefen Erkenntnis: „Ich sah mich zunächst einer großen Ungeborgenheit gegenüber. Doch dann spürte ich, dass es auch so etwas wie ein Geborgensein im Ungeborgenen geben kann. All diese für mich epochalen Veränderungen meines bisherigen Lebens haben mir deutlich gemacht, dass im Grunde in mir auch eine tiefe Sehnsucht lebendig ist, die festgezurrten Konzepte und vorgefertigten Planungen meines eigenen Egos loszulassen. So vieles plane ich. So vieles will ich im Griff behalten. Nach einem ersten Erschrecken, dass durch die große Verunsicherung der Krise meine vorgefassten Pläne nicht mehr aufgingen, kam ich aber an den Punkt, wo mir diese Sehnsucht, von all meinen vorgefertigten Zukunftsplänen zu lassen, bewusst wurde. Sie ziehen mich immer wieder aus der Gegenwart heraus in Gedanken an die Zukunft. Sie verhindern, dass ich wirklich bereit bin, mich auf das Leben einzulassen, so, wie es sich Moment für Moment vor meinen Augen entfalten möchte. Klar, ich muss auch für die Zukunft planen. Aber das hatte in den letzten Jahren überhandgenommen. Ich hatte versucht, mein Leben mittels Terminkalender zu organisieren. Ich habe letztlich nur noch Pläne abgearbeitet und darin auch gut funktioniert. Aber ist das ‚das wirkliche Leben', das ich mir im Grunde meiner Seele erhoffe? Es war mir, als ob sich in meinem Leben durch all die vielen Veränderungen etwas Raum schaffen möchte, sodass sich etwas völlig Neues in mir und in meinem Leben ereignen kann."

Eine sehr wichtige Frage, die sich in Zeiten großer Verunsicherung stellt, lautet: Wie kann ich angesichts von äußerer Unsicherheit und innerer Ungewissheit dennoch im Vertrauen bleiben und in mir einen Ort des Friedens finden?

Im Frieden mit etwas sein bedeutet, nicht mehr dagegen zu kämpfen.

Es anzunehmen.

Ich muss etwas zunächst annehmen, damit es in mir friedlich sein kann. Erst wenn ich etwas wirklich akzeptieren kann, kann es in mir heilen.

Immer wieder geht es darum, mit dem mitzugehen, was ist und nicht geändert werden kann. Mit dem zu sein, was ist. Nicht dagegen zu kämpfen. Es nicht anders haben zu wollen, sondern zunächst einfach Ja zu sagen:

Ja, ich habe mein Leben nicht unter Kontrolle.

Ja, dies ist eine Zeit großer innerer oder äußerer Verunsicherung.

Ja, es ist die Angst in mir, die die Krise zur Gefahr werden lässt.

Dann ist da aber auch etwas anderes: das Vertrauen in mir, das der Chance, die eine Veränderung auch und vor allem mit sich bringt, die Türe öffnet. Ich weiß ja um die Notwendigkeit von Krisen für mein eigenes Wachstum. Und so frage ich mich: Was ist die Einladung des Lebens an mich in dieser Übergangszeit?

So wie sich im Übergang zwischen Winter und Frühling der Winter oftmals noch einmal aufbäumt und vielleicht auch noch im April Schnee oder Kälte bringt, so fühlt sich auch die Übergangszeit in uns oft an: wie ein Hin und Her zwischen dem Neuen, das noch nicht ganz greifbar ist, und dem Alten, das sich nochmals aufdrängen will. Doch wir dürfen getrost sein, wissen wir doch: Der Frühling *wird* kommen! Es braucht seine Zeit, bis all die bunten Farben und Formen der Natur wieder aufbrechen und sichtbar werden. Ich kann bei allem Aufbäumen des Winters darauf vertrauen, dass der Frühling kommen wird.

In solchen Phasen braucht es Geduld; denn wir können die natürliche Entwicklung nicht beschleunigen. Es braucht Geduld – und Vertrauen.

Mich hat sehr berührt, was mir einmal eine Freundin berichtete, die nach dem frühen Tod ihres Mannes nun als alleinerziehende Mutter lebte: „Ich habe keine Angst. Der Geist meines verstorbenen Mannes ist wie ein Schutzengel bei mir. Wenn ich mich diesem Schutz anvertraue, ist vollkommener Friede in mir. Dann weiß ich, dass ich all die Werkzeuge in mir trage, um für mich und mit meiner Tochter gut durch diese Krise zu kommen. In meiner Seele weiß ich, dass ich beschützt bin. Wahrer Friede beginnt in uns, in unserer Seele. So kann ich Gelassenheit und Ruhe finden."

Die Rückwärtsprognose

Befinden wir uns in größeren Veränderungsprozessen, geht unser Blick oft sorgenvoll in die Zukunft: Was wird werden? Wie wird mein Leben danach aussehen? Wie wird sich meine berufliche oder private Situation in einem Jahr wohl darstellen? Bei solchen Vorwärtsprognosen in die nahe oder fernere Zukunft sehen wir in der Regel vor allem die Gefahren und Risiken, die da auf uns zukommen.

Das ist zunächst einmal so. Doch müssen wir dabei bedenken, dass unser menschlicher Geist in Zeiten der Verunsicherung dazu neigt, sich eher Worst-case-Szenarien auszudenken, als sich optimistische Zukunftsbilder vorzustellen. Dies hat durchaus seine Berechtigung und auch gewisse Vorteile: Wir bereiten uns seelisch schon mal „für den Fall der Fälle" vor. Außerdem können wir hinterher meist zu unserer eigenen Entlastung sagen: „Puh, so schlimm ist es doch nicht gekommen."

Schauen wir dann nach Jahren auf eine durchlebte Krisenzeit zurück, so können wir oftmals im Rückblick erkennen, wozu uns diese Zeit *gedient* hat. Vielleicht erkennen wir: Gerade dadurch wurde unser Leben in eine Richtung geleitet, die wir ohnehin hätten einschlagen wollen. Vielleicht werden wir uns bewusst, was wir dadurch gelernt haben. Oder wir erkennen, dass wir so Menschen begegnet sind, die wir sonst nie kennengelernt hätten. Und ist es nicht oft so, dass jemand in solchen Zeiten wichtige Erfahrungen machen durfte, die er im Nachhinein nicht mehr missen möchte?

Innehalten

- *Welche Erfahrung kommt Ihnen spontan in den Sinn, wenn Sie sich ein Ereignis Ihres Lebens vergegenwärtigen, das Sie zunächst als nachteilig bewertet haben und sich später als Glücksfall erwiesen hat?*

- *Wie wäre es, wenn Sie sogar darauf vertrauen könnten, dass Ihnen alles in Ihrem Leben dienen möchte und jede Schwierigkeit letztlich im Kern eine Chance zum Wachsen und Reifen darstellt?*

- *Was würde sich in Ihrem Leben ändern, wenn dies zu einer Art „Grundhaltung" Ihres Lebens würde?*

Die Rückschau in die Vergangenheit kann uns sehr darin unterstützen, die positiven Dinge, die wir dank einer schwierigen Phase unseres Lebens kennenlernen durften, zu würdigen und somit der Krise rückblickend etwas Gutes abzugewinnen. Die Rückschau offenbart, dass wir eine bedrohliche Zeit unseres Lebens nicht nur bloß irgendwie überstanden, sondern womöglich auch gut gemeistert haben, ja dass wir mit einer oder mehreren wichtigen Erkenntnissen daraus hervorgegangen sind. Wir sind an dieser schwierigen Erfahrung gereift, sind resilienter geworden und fühlen uns künftigen Herausforderungen gegenüber besser gewappnet. Viele Patienten, die ich in einer psychosomatischen Klinik begleiten durfte, haben mir bestätigt: Gerade die aktive Auseinandersetzung mit einer Krisenzeit kann wichtige Erkenntnisse zutage fördern! Nicht selten stellt sich das vermeintliche Unglück in der Rückschau als glückliche Fügung heraus.

In Coachings wird in Veränderungsprozessen gelegentlich gezielt die Methode der sogenannten Rückwärtsprognose eingesetzt. Anstatt aus der heutigen Perspektive in die Zukunft zu schauen, wird der Klient eingeladen, die Blickrichtung zu ändern und quasi aus der Zukunft heraus auf das Heute zu blicken.

Sie können so tun, als könnten Sie die Uhr um ein Jahr nach vorne drehen. Aus dieser Warte heraus blicken sie dann zurück auf das Hier und Jetzt.

Wenn Sie sich vorstellen, dass Sie sich in einem Jahr entspannt an Ihrem Lieblingsort aufhalten, um von dort aus zurückzublicken, entsteht schon dadurch ein wohliges Gefühl.

Und was wäre wohl aus dieser Blickrichtung zu erkennen? Würden Sie sich womöglich über sich selbst wundern, dass Sie damals so voller Ängste und Sorgen waren? Würden Sie Ihr eigenes Leben nun vielleicht bewusster, achtsamer, ja intensiver wahrnehmen? Vielleicht sind Ihre Wahrnehmung und Ihr Weltbezug ganz neu und frisch geworden? Stellen Sie sich vor, Sie könnten in der Rückschau der schwierigen Zeit, die Sie durchwandern mussten, sogar einen Dank abstatten!

Der Schweizer Künstler Mats Staub hat vor Jahren ein Langzeit-Kunstprojekt ins Leben gerufen, in dem er Menschen aufrief, sich in der Rückschau auf ihr bisheriges Leben ihre zehn wichtigsten Ereignisse aus ihrer ganz persönlichen Sicht niederzuschreiben und sie – wenn sie wollten – mit anderen zu teilen. Es waren vor allem *die tragenden und die tragischen Momente* im Leben, die in der Rückschau als besonders wichtig eingestuft wurden. Oftmals Momente, in denen einschneidende Veränderungen passierten. Momente, in denen etwas zum ersten oder zum letzten Mal geschah. Offenbar sind genau diese Bruchstellen unseres Lebens, wo sich auf eine besondere Weise etwas in unserem Leben verändert hat, die herausragenden Ereignisse unseres Lebens. Eine wichtige Beobachtung! Da liegt geradezu die Frage nahe: Ja, wovor fürchten wir uns eigentlich, wenn gerade einschneidende Veränderungserfahrungen in der Rückschau auf das Leben so bedeutsam erscheinen?

Innehalten

Wenn Sie mögen, nehmen Sie sich Papier und Stift zur Hand. Lassen Sie Ihr eigenes Leben wie einen Kinofilm an Ihrem inneren Auge vorüberziehen.

- *Was sind Ihre zehn wichtigsten Ereignisse Ihres Lebens? – Wenn Sie wollen, notieren Sie diese.*

- *Wenn Sie Ihre zehn wichtigsten Ereignisse nochmals im Überblick betrachten:*
  Was fällt Ihnen dabei auf?
  Wofür will Sie diese Erkenntnis im Hier und Jetzt öffnen?

Das Neue willkommen heißen

Die Angst vor dem Unbekannten

Aufbruch

Es wird kommen der Tag,
da verlasse ich, zaghaft
zuerst, dann beherzt
meine einsame Insel.

Wage mich endlich hervor
aus dem bewährten Versteck
und der sicheren Deckung,
fast ohne Angst und ohne
noch einmal mich umzusehn.

Meine Rüstung tue ich
ab und alle die Waffen,
das Wenn und das Aber
und steige ins Boot.

Wehrlos werde ich sein
und verwundbar, ich weiß,
auf dem offenen Meer
und einzig beschützt
von der Liebe.

(Lothar Zenetti)

Mich inspiriert dieser Text von Lothar Zenetti auf eine besondere Weise. Wenn das Besteigen eines Bootes und die Fahrt auf das offene Meer uns so verwundbar macht, uns unbekannten Gefahren und Unwägbarkeiten aussetzt, wie können wir dennoch das Boot besteigen?

Wir brauchen etwas in uns, das uns beschützt, das uns den Mut gibt, der Angst vor dem Unbekannten zu begegnen. Wir brauchen das Vertrauen, dass uns etwas begleitet, mit uns geht, uns freundlich entgegenkommen wird. Vielleicht ist es manchmal nur unsere große Sehnsucht, die uns begleitet und uns in gewisser Weise auch beschützt. Die Sehnsucht nach dem Lebendigen, nach dem, was sich in meinem Leben verwirklichen möchte.

Ich erinnere mich, wie der Sohn eines befreundeten Ehepaares nach dem Abitur mit einem Freund zu zweit über den Atlantik segelte. Ich sehe noch die angstvollen Blicke seiner Mutter, als sie ihn verabschiedete, nicht wissend, ob sie ihn wieder lebend zurück bekäme. Aber ich sehe auch noch die glänzenden Augen des jungen Mannes, als er wild entschlossen in See stach. Und vor allem erinnere ich mich mit großer Freude daran, wie dieser junge Mann von seinem Abenteuer zurückkam. Er war ein anderer geworden; er war unglaublich gereift. Er hatte sich und auch seinen Eltern gezeigt, wie mutig wir sein können, wenn wir der Angst vor dem Unbekannten nicht ausweichen. Welch eine Reifeprüfung hatte dieser junge Mann doch abgelegt, die für sein Leben bedeutsamer sein dürfte als das Abitur! Wie sehr wird diese Erfahrung sein Selbstvertrauen gestärkt haben!

Es muss natürlich kein solches Segelabenteuer sein, aber Erfahrungen, die unser Selbstvertrauen stärken, sind wichtig und tun gut. Erfahrungen, die uns bestätigen: Das kann ich. Das geht. Da finde ich eine Lösung. Ich schaffe das. Solche Erfahrungen können uns zuteil werden, wenn wir uns nicht von der Angst vor dem Unbekannten blockieren lassen, sondern vertrauensvoll loslassen. Und umgekehrt lernen wir durch jede Erfahrung dieser Art ein wenig mehr, Vertrauen ins Leben zu haben.

Die Geburt des Neuen

Was auch immer in unserem Leben sich ereignet hat: Wir sind dadurch nicht festgelegt, nicht darauf reduziert oder gar zu irgendetwas „verdammt". Wir müssen nicht zwangsläufig alte Muster bedienen, sondern können immer wieder ein neues Kapitel in unserer Lebensgeschichte aufschlagen. Wir sind prinzipiell frei, neu zu beginnen.

Um ein stimmiges, ein authentisches Leben führen zu können, braucht es die Bereitschaft, alte Sicherheiten aufzugeben, die Bereitschaft, quasi neu geboren zu werden.

An dieser Stelle möchte ich Ihnen eine Schilderung einer lieben Freundin weitergeben, die mich sehr angerührt hat. Nach über 25 Jahren Ehe, aus der drei gemeinsame Kinder hervorgegangen waren, hatte sich Ilses Ehemann von ihr getrennt; er hatte sich in eine jüngere Frau verliebt. Lange hoffte Ilse, dass es vielleicht zu einer Rückbesinnung ihres Ehemannes und einem Neuanfang in ihrer Ehe kommen könnte, zumal die neue Beziehung ihres Ehemanns alsbald in die Brüche ging. Doch ihr Mann blieb bei seinem Entschluss. Beinahe drei Jahre währte der Trennungsprozess, bis es letztlich zum Scheidungstermin kam. Ilse erzählt, wie es ihr mit der neuen Situation erging:

„Es ist wie mit der Geburt eines Kindes. Es ist mir, als ob etwas ganz Neues in meinem Leben geboren werden möchte. Die Jahre der Trennung waren in gewisser Weise wie eine Schwangerschaft. Es war eine beschwerliche Zeit, ein Hoffen und Bangen. Gleichzeitig spürte ich, wie Woche für Woche etwas in mir zu wachsen begann. Konnte ich mir vorher ein Leben ohne meinen Mann Kurt nicht wirklich vorstellen, so wuchs nach und nach in mir die Bereitschaft, Ja zu sagen.

Ja zu einem neuen Leben – ohne Kurt. Ja zu einem Leben, in dem ich ganz neue Schritte wagen möchte. Die Geburt eines Kindes mit den dazugehörigen Wehen ist sehr schmerzhaft; doch dann ist es so weit: Das Köpfchen kommt zum Vorschein, ein Kind, mein Kind kommt zur Welt! Auch diese ganz andere ‚Geburt' war für mich mit emotionalen Schmerzen verbunden. Aber dann, nach der Scheidung, spürte ich: Ein neuer Lebensabschnitt ist geboren.

Ich freue mich darauf. Ich will dieses Neue hegen und pflegen, möchte das Neue umsorgen und liebevoll damit umgehen. Wie das Neugeborene ans Licht möchte, will nun mein neues Leben zum Vorschein kommen. Ja, ich freue mich darauf! Mir ist bewusst, dass die Zeit nach der Geburt, das Wochenbett, nochmals eine sehr besondere Zeit sein kann. Vielleicht werde ich an manchen Tagen ‚einen Blues haben'. Aber es überwiegt die Freude auf das neugeborene Leben, *mein* Leben."

Nach jeder Übergangsphase wartet etwas Neues auf uns, eine Art Geburt. Eine neue, bisher noch nicht gekannte Welt der Möglichkeiten, die wir zuvor eher ängstlich, skeptisch betrachtet hatten, wird real.

Die Kraft der Vision

Losgehen

Die Verheißung des Morgens atmen.
In die Stille des Unberührten aufbrechen.
Schlafende Häuser hinter sich lassen.
Wind im Gesicht spüren.
Dem neuen Tag entgegenlaufen.
Mit eigenen Schritten hineinwandern.
Bekannte Wege wie Neuland erkunden.
Ins Weite wollen.
Dem Ungewissen vertrauen.
Aus der Dunkelheit heraustreten.
Auf den Beginn setzen.
Mit den Knospen rechnen.
Gottes Himmel offen sehen.
Alles für möglich halten.
Anfangen. *(Inken Christiansen)*

Eine Vision kann uns schon heute einen Vorgeschmack dessen geben, was wir erhoffen. Sie kann dadurch wie eine große Kraftquelle wirken. Eine Vision hilft uns, die mühsamen Schritte des Einübens, des Sich-gedulden-Müssens auszuhalten. Ein inneres Bild, wie sich eine Sehnsucht in unserem Leben realisieren möchte, kann uns durch schwere und mühselige Zeiten durchtragen.

Ein mittlerweile sehr erfolgreicher Coach und Supervisor, der zuvor ohne große Begeisterung in der Finanzbranche tätig war, hatte über Jahre das innere Bild vor sich, wie er abends tief zufrieden nach einer ihn wirklich erfüllenden Arbeit in seinen eigenen Praxisräumen sitzt und noch die letzten Sonnenstrahlen des Tages genießt. Letztlich war es dieses sich immer wieder aufdrängende Bild, das ihm die Kraft gab, seine Angestelltentätigkeit aufzugeben und sich als Selbstständiger in die von ihm gewünschte berufliche Richtung weiterzuentwickeln.

Manchmal haben wir noch keine klare Vision, wie unser neuer Lebensabschnitt aussehen soll. Jedoch haben wir ein klares Bild davon, was wir nicht mehr wollen, was eben nicht mehr zu uns passt. Bereits das kann uns Kraft geben, unser Leben zu verändern.

Beispielhaft möchte ich an dieser Stelle die Lebenserfahrung eines ehemaligen Ordensmannes weitergeben. In jungen Jahren war er voller Begeisterung in einen Mönchsorden eingetreten. Als er nach über 30 Jahren Klosterleben in eine Lebenskrise geriet, wurde ihm nach und nach etwas klar: „Von meiner Klosterzelle aus sah ich jeden Tag auf den Klosterfriedhof. Ich spürte, dass ich dort nicht begraben werden möchte. Ich hatte zwar noch kein klares Bild, was denn aus meinem weiteren Leben werden sollte, aber niemals wollte ich dort meine letzte Ruhestätte finden."

Es war für ihn ein eingängiges Bild dafür, dass sein Leben nicht als Mönch enden sollte. Diese Klarheit gab ihm den Mut, den Orden zu verlassen, ohne dass er schon einen festen Plan gehabt hätte, wie er sein weiteres Leben gestalten wollte. Heute, da er die 80 überschritten hat und auf sein Leben zurückblickt, kann er sagen: „Es gab zwei wichtige Entscheidungen in meinem Leben: erstens die Entscheidung, ins Kloster zu gehen, und zweitens die Entscheidung, das Kloster wieder zu verlassen."

In jungen Jahren war es für ihn zutiefst stimmig, den Weg ins Noviziat zu wählen. Doch über die Jahre hatte sich etwas in ihm selbst, aber auch im Leben des Klosters so sehr verändert, dass sein Entschluss, das Kloster wieder zu verlassen, wiederum stimmig war. Für andere mag es so ausgesehen haben, als ob er „einen Fehler" begangen hätte, als er sich seinerzeit für das Klosterleben entschied. Für ihn war es nicht so. Die Klosterzeit war auf eine stimmige Weise für ihn vollendet; ein neuer Ruf, nochmals mutig einen neuen Lebensabschnitt zu beginnen, war nicht zu überhören gewesen. Erst nachdem er das Kloster verlassen hatte, klärte sich nach und nach die Richtung seines weiteren Lebens. „Ich bin zu jeder Zeit geführt worden", resümiert er seine Lebensreise.

Neugierde – der Beginn von allem

Neulich auf der Erde (Dialog)
A: Sie haben da was verloren.
B: Ich? Nein, das gehört nicht mir.
A: Sicher?
B: Was ist denn das?
A: Neugier.
B: (Schüttelt den Kopf) So etwas habe ich nicht.
A: Die hat jeder.
B: Nein, nein. Die brauche ich nicht.
A: Und ob Sie die brauchen! Sonst drehen Sie sich im Kreis, und das erzeugt nur Schwindel.
B: Wer sind Sie eigentlich?
A: Der Anfang aller Dinge, und ich kann Ihnen aus Erfahrung sagen, ohne Neugier gäbe es mich nicht.

Wir haben nicht nur Angst vor Neuem, sondern in uns wohnt auch die Lust auf Neues. Wir alle haben eine angeborene Bereitschaft, mit Neugierde das Leben zu entdecken. Dank dieser von Anfang an in uns wohnenden Kraft haben wir schon als Kleinkinder unsere Welt nach und nach erkundet und erobert.

Vielleicht geht es Ihnen ähnlich: Für mich jedenfalls sind Kinder in ihrer schier ungebremsten Neugierde, wie sie Fragen stellen und sich ihre kleine Welt zu eigen machen, eine wohltuende Quelle der Inspiration. – Vielleicht ist diese Kraft der Neugierde im Lauf der Jahre in uns verkrustet und verschüttet, aber etwas davon steckt immer noch in uns: Sie ist da, und wir können sie immer wieder neu beleben.

Die in uns wohnende Neugierde öffnet uns für neue Vorstellungen: Was könnte Interessantes geschehen, wenn wir tatsächlich einen neuen Weg einschlagen würden? Welche spannenden Erfahrungen könnten wir wohl machen, wenn wir der Stimme unseres Herzens trauen würden? Wie neu und frisch könnte sich das Leben anfühlen, wenn wir das Gewohnte und Vertraute hinter uns ließen?

Eine ärztliche Kollegin, die sich leidenschaftlich zur Malerei hingezogen fühlte und hin- und hergerissen war, ob sie denn diese Begabung mehr zur Entfaltung bringen oder mehr auf die Sicherheit ihrer bisherigen beruflichen Existenz setzen solle, traf mit sich selbst eine Vereinbarung: „Als Ärztin habe ich zu wenig Zeit, um nebenbei meine große Leidenschaft des Malens weiterzuentwickeln. Ich gebe mir ein Jahr Zeit, in dem ich mich ausschließlich der Malerei widme. Dieses Jahr werde ich mir gönnen. Danach entscheide ich neu, ob ich zurück ins Krankenhaus gehe oder mich der Malerei widme." Ihr war klar: Wenn sie jetzt ihrer großen Sehnsucht keinen Raum gäbe, würde sie es später bereuen, dass sie zu feige war, diesem inneren Ruf zu trauen.

Innehalten

- *Was glauben Sie selbst: Wenn Sie in 20 Jahren auf Ihr jetziges Leben zurückschauen, worüber werden Sie womöglich mehr enttäuscht sein: über das, was Sie getan haben, oder über das, was Sie nicht getan haben?*

- *Was würden Sie eigentlich gerne einmal ausprobieren? Unter welchen Voraussetzungen wären Sie bereit, der neugierigen Seite in sich mehr Raum zu geben? Könnten Sie sich gegebenenfalls vorstellen, eine Art „Vereinbarung mit sich selbst" zu treffen?*

Ich persönlich finde die Aufforderung des Dalai Lama „Besuche einmal im Jahr einen Ort, den du noch nicht kennst" sehr inspirierend. Das Entdecken neuer Orte kann unseren Geist wach und beweglich halten. Indem ich mich mit der Geschichte eines mir bis dato unbekannten Ortes auseinandersetze und mich mit offenen Augen und Neugierde mit dem natürlichen oder kulturellen Leben dieses Ortes vertraut mache, tut sich in mir eine neue Weite auf, es ist buchstäblich eine Horizonterweiterung.

Ebenso finde ich es immer wieder sehr anregend, mich für die Begegnung mit neuen Menschen zu öffnen: mit Menschen mit anderem kulturellen Hintergrund, Menschen mit anderen Lebenserfahrungen, Menschen mit anderen Vorstellungen vom Leben.

Welch große Vielfalt an Ideen, an Lebenswirklichkeiten und Lebensentwürfen es doch gibt!

In uns allen wohnt immer beides: die Neugierde auf das Fremde und die Angst vor ihm. Es ist nicht so, dass das eine gut und das andere schlecht wäre. Beides zusammen ist wichtig und wertvoll. Die Angst mag uns davor bewahren, in die Überforderung zu gehen. Die Neugier wiederum schützt uns davor, uns ausschließlich in der Komfortzone unseres gewohnten Lebens aufzuhalten. Zwischen der Überforderung und der individuellen Komfortzone liegt unser persönlicher Wachstumsbereich.

Als Menschen sind wir gut beraten, uns möglichst viel in unserem ganz persönlichen Wachstumsbereich zu bewegen, das heißt weder in der Komfortzone zu verharren, noch uns in eine Überforderung hineinzuzwingen. Der individuelle Wachstumsbereich kann von Mensch zu Mensch sehr unterschiedlich sein, und das darf auch so sein. Wichtig ist es, unsere eigenen Zonen der Überforderung und unsere Komfortzonen gut zu kennen, um den dazwischen liegenden Wachstumsbereich immer wieder neu zu beleben.

In der Überforderung wird die Angst so übermächtig, dass wir die wohltuend ermutigende Kraft der Neugierde nicht mehr spüren. In unserer Komfortzone hingegen erleben wir uns abgestumpft; die Gewöhnung an ständig gleichförmige Abläufe lässt uns unzufrieden werden. In unserer Wachstumszone dagegen fühlen wir uns auf gute Weise stimuliert, wir stellen uns immer wieder neuen stimmigen Herausforderungen und erleben uns frisch und vital.

Wir mögen dazu neigen, das Fremde, das Unbekannte mit dem uns Bekannten zu vergleichen und vorschnell zu bewerten. Vor solchen Vergleichen sollten wir uns hüten; denn es geht nicht um ein „besser oder schlechter", sondern zunächst einmal einfach um ein „anders": Es gibt eben auch andere Wege und Möglichkeiten, andere Weisen, das Leben zu betrachten, andere Sicht- und Erlebnisweisen.

Die Erfahrung der Andersartigkeit kann uns helfen, innerlich flexibel zu bleiben, unseren Geist offen und beweglich zu halten und so für unsere eigene – lebenslange! – Weiterentwicklung einen günstigen Boden zu bereiten.

In Marketing- und Medienbotschaften wird uns das Neue oft mit allerlei Heilsversprechungen angepriesen. Unser Leben wäre glücklicher, wenn wir neue Produkte kauften und neuartige Dinge konsumierten. Jedoch ist der Wohlfühleffekt einer vergnüglichen Einkaufstour schnell verpufft. Letztlich hilft es uns nicht weiter, uns durch den Konsum von „Neuem" eine kurzfristige Befriedigung „einzukaufen". Dies würde nur zu immer neuer Steigerung der Dosis und auf Dauer in eine Abhängigkeit führen – und zu Ernüchterung und Frustration.

Die wirkliche Kraft der Neugierde liegt nicht im Verkonsumieren von Unbekanntem. Die Kraft der Neugierde liegt in der geistigen Offenheit. Sie hält unseren Geist jung und weit. Sie ermöglicht uns, zu staunen. Staunen wiederum öffnet uns die Augen für die vielfältigen Wunder des Lebens.

Innehalten

- *Was sind Ihre individuellen Komfortzonen, die eigenes Wachstum womöglich verhindern?*
  Und was sind Ihre persönlichen Überforderungszonen, vor denen Sie sich in Acht nehmen sollten?

- *In welchen Bereichen Ihres Lebens fällt es Ihnen leicht, neugierig zu sein? Was vermittelt Ihnen ein Gefühl der Frische und der Lebendigkeit?*

- *Wenn Sie sich erlauben würden, sich unabhängig von der Meinung anderer zu machen: Was würden Sie denn gerne einmal ausprobieren? Gibt es etwas „Verrücktes", das Sie gerne wagen möchten?*

- *Welche Vorstellung löst in Ihnen ein Gefühl der Frische oder ein Kribbeln im Bauch aus?*

II
Krisen

Individuelle Krisen

Das Wesen einer Krise

Auch bedarf der Mensch, der gewöhnlich sein Leben in Zerstreuung und Leichtsinn vor sich hin lebt und immer voraneilt, ohne zu wissen, was ihn eigentlich treibt und was er eigentlich will, in seinem Laufe von Zeit zu Zeit angehalten und zu sich selbst zurückgeführt zu werden; er bedarf eines Steins am Wege, auf den er sich hinsetze und in sein vergangenes Leben zurücksehe.

(Matthias Claudius)

Das Wort Krise leitet sich etymologisch vom altgriechischen Verb „krinein" ab, was so viel wie „entscheiden", „unterscheiden", „trennen" bedeutet. Eine Krise ist eine Zeit der Unterscheidung, der Entscheidung. Eine Krise hat die Kraft, uns zu einem Wendepunkt zu führen.

„Krise bezeichnet im Allgemeinen einen Höhepunkt oder Wendepunkt einer gefährlichen Konfliktentwicklung in einem natürlichen oder sozialen System, dem eine massive und problematische Funktionsstörung über einen gewissen Zeitraum vorausging und die eher kürzer als länger andauert." So lautet kurz und prägnant eine für mich sehr passende Definition in Anlehnung an Manfred G. Schmidt, die im Online-Lexikon Wikipedia nachzulesen ist. Diese Beschreibung ist sowohl auf psychische Krisen als auch auf jede andere Art von Krise anwendbar, sei sie politischer, gesellschaftlicher, wirtschaftlicher oder militärischer Natur.

Ich möchte aus dieser Definition folgenden mir sehr bedeutsam erscheinenden Aspekt herausgreifen: Schon *vor* dem Auftreten der Krise hat eine Störung, ein Konflikt bestanden. Die Krise als Höhepunkt einer sich schon länger entwickelnden Funktionsstörung ist vergleichbar mit der Spitze eines Eisbergs, die uns signalisiert, dass sich unter Wasser schon über einen geraumen Zeitraum jede Menge Eis angesammelt hat. In dieser Funktion des Sichtbarmachens dessen, was ohnehin schon da ist, kann sie ein herannahendes Schiff zu einem Wendemanöver bewegen, um nicht am unsichtbaren Teil des Eisberges zu zerschellen. So kann eine Krise zum entscheidenden, rettenden Wendepunkt werden.

In der Bibel, in Jesu Gleichnis vom Hausbau (Mt 7,24-27), wird die Frage aufgeworfen, ob wir unser Haus auf Fels oder auf Sand gebaut haben. In der Krise, wenn der Sturm kommt, wird sichtbar, worauf das Haus gegründet ist; solange alles ruhig und still ist, wird nicht ersichtlich, auf welchem Grund das Haus steht. So bringt gerade eine Krise zum Vorschein, was der Grund ist, auf dem wir unser Lebenshaus gebaut haben. Durch die Krise kommen wir an die Substanz unseres Lebens, an das, was uns wirklich trägt, und an das, was nur scheinbar tragend ist.

Innehalten

- *Was ist in Ihrem Leben wichtig? Was ist Ihr Fundament, auf dem Sie stehen?*
- *Was verleiht Ihnen das Gefühl von Sicherheit?*
- *Worauf gründet sich Ihr Wert als Mensch?*
- *Was haben Sie durch vergangene Krisen schon Wichtiges über Ihr Lebenshaus gelernt?*

In einer Krise kann es zu einer Erschütterung unserer bisherigen Grundüberzeugungen kommen: Das Welt- bzw. Selbstbild gerät ins Wanken. Es wird auf seinen Wahrheitscharakter hin überprüft. Die Krise bringt das zum Vorschein, was auf einer tieferen Ebene wahr ist; womöglich entlarvt sie meine bisherigen Überzeugungen als nicht tragend. Etwas kommt ins Wanken und ermöglicht dadurch den Zugang zu einer tieferen Wahrheit. Insbesondere bringt eine Krise das zum Vorschein, was in uns da ist. Eigene Ängste werden wahrnehmbar und können so zu Boten werden.

Durch eine Krise bekommen wir auch Zugang zu tief in uns verborgenen Glaubenssätzen.

Seit meiner Kindheit hat mich die Lebensgeschichte des heiligen Franz von Assisi fasziniert. Er war ein reicher, im Überfluss lebender junger Mann, der nach Ruhm und Ehre strebte. Als er bei einem Feldzug in Gefangenschaft geriet und schwer erkrankte, kam er in eine existenzielle Krise. Diese Erfahrung ermöglichte ihm, über Sinn und Wert seines Lebens nachzudenken. Er entschied sich, sein Leben auf eine sehr radikale Weise zu ändern; fortan entsagte er all den Zerstreuungen und Annehmlichkeiten, um in Armut und Einfachheit ein neues Leben zu beginnen. Die Krise wurde zum Dreh- und Angelpunkt seines Lebens, das bis heute viele Menschen fasziniert und inspiriert. Seine Krisenzeit war für ihn nicht die Zeit einer Gottverlassenheit, sondern einer großen Gottesnähe, die in ihm die Sehnsucht nach einem Leben in Verbindung mit dem Höchsten weckte.

Gerade aus leidvollen Erfahrungen können sehr heilsame Veränderungen entstehen. Wir können dadurch neue Erkenntnisse gewinnen, ganz neue Perspektiven einnehmen, neue Werte definieren und unserem Leben eine Wendung geben. Insbesondere kann die Erfahrung des eigenen Leids unsere Fähigkeit, Mitgefühl zu empfinden, stärken. Mitgefühl für uns selbst, für unsere Mitmenschen wie für andere Wesen, denen wir uns durch die Erfahrung des Leids auf neue Weise verbunden fühlen können.

Die Krise als „Bifurkation" oder Scheidepunkt

Unter einer Bifurkation wird in der Gewässerkunde die Verzweigung eines Flusses in der Weise verstanden, dass sein Wasser in zwei unterschiedliche Flusssysteme abfließt: Im Flussbett entsteht eine Wasserscheide. Eine Krise stellt in vergleichbarer Weise einen Scheidepunkt im Leben eines Menschen dar. In welche Richtung soll mein Leben weiterfließen? Am Scheidepunkt steht eine Ent-scheidung an: Wo will ich hin?

Ob es in die eine oder andere Richtung geht, hängt weniger von der Krise selbst ab. Wir selbst sind es, die die Entscheidung treffen, bewusst oder unbewusst. Entscheidend ist, wie wir auf die Krise reagieren. Von unserer Antwort auf die krisenhafte Situation hängt es wesentlich ab, in welche Richtung es in unserem Leben weitergeht. Wird die Krise zum Motor für eine (oft längst fällige) Weiterentwicklung, gar Transformation in meinem Leben? Oder verpasse ich eine Chance zur Erneuerung meiner selbst?

Eine häufig reflexartige erste Reaktion, die eine Weile anhalten kann, ist die Verleugnung. Wir tun so, als wäre alles noch in bester Ordnung. Wir weigern uns, anzuerkennen, dass wir tatsächlich in eine Lebenskrise geraten sind. Wir machen uns selbst glauben, dass dem nicht so ist. Würde in dieser Phase beispielsweise unser Partner uns damit konfrontieren, widersprächen wir heftig, oder wir ignorierten ihn einfach.

Die Schwester der Verleugnung ist die Verdrängung. Während die Verleugnung eine äußere Realität nicht sehen will, versucht die Verdrängung einen inneren Zustand der Angst, Verunsicherung, Ohnmacht etc. nicht wahrzunehmen.

Verleugnung und Verdrängung stellen seelische Abwehrmechanismen dar, die uns kurzzeitig helfen können, uns vor einer möglichen Überforderung zu schützen. Nicht selten gehen diese „Strategien" einher mit übermäßigem Alkohol- oder Internetkonsum, oder wir stürzen uns in einer Art Fluchtreflex noch mehr in das Arbeiten. So aber verpassen wir die Gelegenheit, eine positive Erfahrung der Bewältigung zu machen, die uns wiederum stärken und wachsen lassen würde. Nicht die Angst ist das eigentliche Problem, sondern unser Vermeidungsverhalten, der Versuch, die Angst in uns nicht spüren zu müssen. Wir begeben uns auf die Flucht, statt mit offenem Visier dem zu begegnen, was sich uns da gerade in den Weg gestellt hat.

Nur wenn wir der Krise sehenden Auges begegnen, ihr ins Gesicht blicken, können wir darin auch unserer Sehnsucht nach Lebendigkeit begegnen.

Verbirgt sich nicht hinter dem Gefühl der Verunsicherung unser Sehnen nach Sinn?

Erzählt womöglich unser Gefühl der Traurigkeit von unserer Sehnsucht nach Liebe und Verbundenheit?

Und steht die Angst nicht für unsere Sehnsucht nach Offenheit und Weite?

Sobald wir die Vermeidungsstrategien nicht mehr aufrechterhalten können, regt sich in uns ein Widerstand: Nein! Es kann doch nicht sein, was nicht sein darf!

Wir kämpfen so lange dagegen an, bis wir resigniert aufgeben. Resignation bedeutet jedoch nicht Akzeptanz, sondern allenfalls passives, ohnmächtiges Sich-Ergeben.

Unter dem Eindruck der eigenen Ohnmacht und Verzweiflung mag uns die Vorstellung, dass wir ja nur das Opfer ungünstiger Umstände oder anderer böswilliger Menschen sind, vermeintlich ein wenig emotionale Entlastung bringen: Wenn wir uns schon in einer so misslichen Situation befinden, so wollen wir zumindest nicht selbst schuld daran sein. Schuld sind die anderen!

Wir mögen versuchen, mit dieser Strategie unseren Teil der Verantwortung abzuschütteln, doch dies wird uns nicht wirklich weiterhelfen. Begeben wir uns in eine rein passive Opferrolle, so droht ein ungünstiger Verlauf, da wir uns dadurch selbst von unserer kreativen Kraft abschneiden. Erkennen wir jedoch, dass wir immer noch die Möglichkeit haben, selbst zu agieren, dass wir die Verantwortung für unsere Entscheidungen und unser Handeln ganz und gar zu uns nehmen können (ich will es bewusst so nennen!), dann, ja dann bereiten wir den Boden für eine konstruktive Weiterentwicklung.

Dazu gehört auch, dass wir den eigenen Anteil an der Entstehung der Krise wahrnehmen und anerkennen, wie klein oder groß er auch immer sein mag. Immer lohnt es sich, mich zu fragen:

Was ist mein Teil in der Entstehung dieser Krise? Habe ich sie vielleicht selbst verursacht oder zumindest mit herbeigeführt? In welcher Weise ist dies geschehen? Ist da etwas in mir, was dazu führte, dass mir genau zu diesem Zeitpunkt diese Erfahrung zuteil wurde?

Niemand würde sich selbst sehenden Auges in eine schwierige Situation hineinmanövrieren wollen. Aber auf eine unbewusste Weise haben wir in der Regel an diesem Prozess mitgewirkt, vielleicht haben wir mehr oder weniger bewusst schon eine Ahnung davon gehabt, dass wir dabei sind, auf einen Wendepunkt zuzusteuern.

Ob es eine günstige Wendung wird, zeigt sich erst im Nachgang, wenn wir durch diesen Prozess ganz hindurchgegangen sind. Viel hängt von unserer Bereitschaft ab, uns aktiv mit uns und der Krise auseinanderzusetzen, statt zu flüchten, etwa in Form von Suchtverhalten oder allen möglichen Ablenkungsstrategien. Nicht gelöste Lebenskrisen sind ein idealer Nährboden für die Entstehung von stressbedingten körperlichen und psychischen Erkrankungen. Ebenso kann es zu einer Zunahme zwischenmenschlicher Konflikten kommen. Wir verlagern unsere eigene Wut und unseren Ärger auf andere und brechen vielleicht einen Streit vom Zaun – bis dahin, dass es zu gewalttätigem Verhalten kommen kann. Die Krise selbst ist jedoch nicht das eigentliche Problem. Die Krise macht vielmehr sichtbar, was vorher noch nicht gesehen werden konnte, aber längst schon da war.

Geht etwa in einer Ehe ein Partner fremd, so könnte man meinen, dass dieser Akt des Fremdgehens mit den entsprechenden Reaktionen der beiden Eheleute das Eigentliche der Ehekrise ist. Doch eher dürfte eine solche krisenhafte Zuspitzung ein Zeichen dafür sein, dass sich womöglich schon seit langer Zeit eine gewisse Entfremdung in die eheliche Beziehung eingeschlichen hat. Da wäre anzusetzen, um einen konstruktiven Prozess in Gang zu bringen, in dem die beiden ins Gespräch kommen und lernen, möglichst offen hinzuhören, was den Partner bewegt. Würde sich das Paar dagegen im Krisenmodus vor allem gegenseitig Schuldvorwürfe machen, wer die Misere wodurch verursacht hat, wäre ein Fortbestand der Ehe nicht mehr wirklich vorstellbar.

Selbstwert-Krise

Selbstwertkonzepte

Unsere individuellen Selbstwertkonzepte, also Vorstellungen über das, was uns persönlich wertvoll macht, sind stark von unserer sozialen Umwelt, den Wert- und Moralvorstellungen unserer Herkunftsfamilie und der Kultur geprägt, in der wir aufwachsen.

Selbstwertkonzepte sind – wie ich im Folgenden aufzeigen möchte – von unserem eigentlichen Selbstwert im Sinne eines humanistischen Menschenbildes ganz klar zu trennen. Unser Wert als Mensch ist *nicht* abhängig davon, welchen gesellschaftlichen und kulturellen Vorstellungen wir unterliegen. Diese können sehr unterschiedlich sein, wie die folgenden etwas plakativen Beispiele verdeutlichen:

Wären wir in einer bestimmten asiatischen Kultur aufgewachsen, so wäre ein zurückhaltendes, stilles und höfliches Auftreten in der Öffentlichkeit für unser Selbstwerterleben bedeutsam.

Hingegen ist in so mancher orientalischen Kultur die Familienehre („Namus") ein zentraler Wert, dessen Verletzung das öffentliche Ansehen sowohl der Sippe als auch den gesellschaftlichen Status einzelner Familienmitglieder und somit das individuelle Selbstwerterleben beschädigen würde.

In Brasilien wiederum gilt insbesondere für Frauen, dass ein nach einem bestimmten Schönheitsideal geformter Körper das wahre selbstwertstabilisierende Kapital darstellt. Nicht umsonst gilt dieses südamerikanische Land als eine Hochburg der Schönheitsoperationen.

Hierzulande werden Selbstwertkonzepte stark von unserer Leistungs- und Wettbewerbskultur mitgeprägt. So neigen wir dazu, unseren Selbstwert abhängig zu machen von Kritierien wie Bildungsabschluss, beruflicher Leistung, sozialer Anerkennung oder von irgendwelchen Statussymbolen.

Nicht zuletzt aber wird unser persönliches Selbstwertkonzept stark von den Erwartungen und Einstellungen unserer Eltern und deren familiären Wertmaßstäben beeinflusst. Wofür werde ich von meinen Eltern geliebt, anerkannt und wertgeschätzt? Gibt es offene oder verdeckte Erwartungshaltungen, die an mich herangetragen wurden oder noch werden?

Auch wenn Eltern der Überzeugung sind, nur das Beste für ihre Kinder zu wollen, so spielen nicht selten eigene „unerledigte Aufgaben“ unbewusst hinein, vielleicht auch der Wunsch, den eigenen Selbstwert durch erfolgreiche oder besonders wohlerzogene Kinder aufzupolieren. Setzen sich Eltern selbst unter einen eigenen Erwartungsdruck, laufen sie Gefahr, diesen ungewollt auch an ihre eigenen Kinder weiterzugeben. Ein alter Witz bringt es auf den Punkt:

Eine Mutter wird gefragt: „Wie alt sind denn ihre Kinder?“ Ihre Antwort: „Der Arzt ist drei und die Rechtsanwältin ist fünf.“

Jeder Mensch trägt ein bestimmtes Selbstwertkonzept in sich, das sein Verhalten bis in den Alltag hinein stark beeinflusst. Wir wollen uns bestätigen und bestätigt wissen. Auch als Erwachsene möchten wir ja vor allem anerkannt werden, Wertschätzung erfahren, Zugehörigkeit empfinden, beliebt bzw. geliebt sein. Tragen wir etwa die Grundüberzeugung in uns: „Ich bin nur etwas wert, wenn ich etwas leiste“ bzw. „… wenn ich etwas zu geben habe, wenn ich mich um andere kümmere“, dann werden wir uns schwertun, zur

Ruhe zu kommen und einfach mal nichts zu tun zu haben. Von „human beings“ werden wir zu „human doings“, zu Menschen, die nicht wirklich in Ruhe und Gelassenheit bei sich sein können. Ist unser Selbstwertkonzept ausschließlich auf einen engen Aspekt unseres Menschseins ausgerichtet, sind wir zudem anfälliger für Krisenzeiten, in denen genau dieser Aspekt in Frage gestellt wird. Sind wir etwa der Überzeugung, nur wertvoll zu sein, wenn wir etwas leisten, so ist der Übergang vom aktiven beruflichen Leben in den Ruhestand weitaus krisenhafter, als wenn wir ein anderes, umfassenderes Verständnis von unserem Selbstwert haben.

Innehalten

Wie gut kennen Sie Ihr eigenes Selbstwertkonzept? Folgende Fragen können Ihnen dabei behilflich sein, ein Verständnis davon zu erhalten, wie denn Ihr ganz persönliches Selbstwertkonzept aussieht:

- *Wie würden Sie folgenden Satz zu Ende führen: „Ich bin besonders wertvoll, wenn ...“?*
- *Wer ist in Ihren Augen ein besonders wertvoller Mensch? Was macht diesen Menschen für Sie so wertvoll?*
- *Wer hingegen ist aus Ihrer Perspektive eher ein Mensch, auf den Sie herabschauen würden? Warum ist das so?*

Wie gesagt: Jeder von uns trägt seine eigenen tiefen Glaubenssätze über sich und seinen Wert als Mensch in sich. Dies ist zunächst einmal einfach so; wir sollten das nicht vorschnell bewerten. Meist sind uns diese Überzeugungen nicht bewusst; dadurch aber führen sie oft ein recht machtvolles Eigenleben. Erst wenn wir uns dessen bewusst werden, können wir die in uns wohnenden Überzeugungen reflektieren und gegebenenfalls auch verändern. Eine Lebenskrise, die oft eine Selbstwertkrise beinhaltet, kann uns darauf aufmerksam machen.

Für sehr viele Menschen ist der Selbstwert ein Thema; wir brauchen uns nicht zu wundern, wenn wir selbst darauf stoßen. Aus meiner beruflichen Erfahrung kann ich sagen, dass bei den meisten Menschen, die eine psychotherapeutische Unterstützung in Anspruch nehmen, eine Selbstwertproblematik dahintersteckt. Selbstwertkonzepte können, gerade wenn sie sehr eng, rigide, einseitig oder generalisierend sind, uns regelrecht krank werden lassen.

Selbst-Wert

Die Würde des Menschen ist unantastbar", so beginnt Artikel 1 des Grundgesetzes der Bundesrepublik Deutschland. Diese grundsätzliche Wertschätzung des Menschen in unserer Verfassung ist Ausdruck eines menschenfreundlichen, humanistischen Denkens. Jeder Mensch hat eine Würde und damit einen unantastbaren Wert. Dieser Wert ist unveräußerlich, unverlierbar und unabhängig von seinem Leisten und Tun. Egal ob ein Mensch eine schwergradige Behinderung hat, ob er alt und bettlägrig ist oder jung und kraftvoll: Sein Wert als Mensch ist davon unberührt.

Ein humanistisches Menschenbild unterscheidet zwischen dem grundsätzlichen Wert eines Menschen, der unter keinen Umständen infrage gestellt werden kann, und seinem Verhalten, das sehr wohl hinterfragt werden muss. Ein Mensch kann Fehler machen, aber er ist deswegen kein Fehler. Für unser Fehlverhalten haben wir die Verantwortung zu übernehmen, aber es schmälert nicht unseren eigenen Wert als Mensch.

Es wäre absurd zu behaupten, dass der eigentliche Wert eines Menschen davon abhängt, ob er die Erwartungen anderer erfüllt. Es wäre genauso abwegig zu behaupten, ein Kind, das in der Schule gute Noten erzielt, sei wertvoller als ein Kind mit weniger guten Noten. Wer würde ernsthaft behaupten wollen, dass ein Mensch wertvoller sei, weil er über ein hohes Einkommen verfügt, ein großes Haus besitzt oder eine besonders attraktive Automarke fährt?

Und doch versuchen nicht wenige Menschen, sich selbst durch Leistung, durch soziales Prestige oder besondere Attribute aufzuwerten. Es ist nichts dagegen einzuwenden, dass jemand ehrgeizig ist. Und es ist ja durchaus anerkennenswert, wenn sich ein Mensch durch besonders herausragende Leistungen eine privilegierte gesellschaftliche Position erarbeitet hat. Von all dem aber ist unbedingt sein eigentlicher Wert als Mensch, seine Würde zu unterscheiden! Jeder Mensch ist gleich wertvoll. Jeder Mensch hat eine Würde. Es gibt letztlich nichts, was den wahren Wert eines Menschen schmälern könnte. Ebenso kann ich mir auch nichts vorstellen, was den eigentlichen Wert eines Menschen steigern könnte.

Dies ist die Botschaft eines humanistischen Menschenbildes:

Du bist wertvoll!
Du warst es schon immer!
Du wirst es immer bleiben!
Dein Wert als Mensch ist unabhängig von deinem Leisten.
Dein Wert begründet sich allein aus deiner Existenz.
Dein Dasein ist wichtig.
Dein Menschsein zählt.
Du bist auf diesem Planeten willkommen.
Du musst dir deinen Wert nicht erst verdienen.
Du brauchst niemandem zu beweisen, dass du einen Wert, eine Würde als Mensch hast.
Du bist – wie jeder Mensch – eine einzigartige Quelle von Leben.

Die Unterscheidung zwischen unseren eigenen Selbstwert*konzepten* und unserem eigenen *wirklichen Wert* als Mensch ist fundamental wichtig. Sind wir uns unseres Wertes und unserer Würde gewiss, so können wir viel leichter und gelassener mit den Veränderungen des Lebens umgehen. Unser Wert ist nicht an irgendein äußeres Merkmal gebunden, sondern er liegt in uns selbst.

Stellen Sie sich vor, was es für einen Menschen, der seinen eigenen Wert ausschließlich von seinem beruflichen Leistungsvermögen abhängig gemacht hat, bedeutet, in Rente geschickt zu werden … Die Berentung ist schon per se ein herausfordernder Übergang im Leben; sie geht mit unglaublich vielen Veränderungen einher. Der Betroffene verliert nicht nur seinen Arbeitsplatz und die damit einhergehenden Privilegien, er muss auch das soziale Eingebundensein in einen Betrieb, in den Kollegenkreis und den alltäglichen Kontakt mit Kundinnen und Kunden hinter sich lassen; die feste Tagesstruktur geht verloren, auch das ist zu bewältigen, egal ob der Neurentner dies innerlich mit Erleichterung oder mit Bedauern quittiert. Finanzielle Einbußen sind hinzunehmen, eine familiäre wie gesellschaftliche Neuverortung wird erforderlich. All dies ist herausfordernd genug. Was nun, wenn durch die Berentung der eigene Wert als Mensch infrage gestellt wird?

Ich denke an viele meiner Patientinnen und Patienten in der psychosomatischen Klinik, die genau an dieser Schwelle ihres Lebens in eine schwere Depression geraten sind. Auch wenn sich die Symptome an der Oberfläche unterschieden haben, im Grunde hatten die Betroffenen alle mit dem Verlust des bisherigen Selbstwertgefühls zu kämpfen. Es zeigte sich, wie sehr dieses doch mit der beruflichen Rolle, dem damit verbundenen Status oder dem erzielten Einkommen verknüpft war. Zudem wurden oftmals ein wenig empathisches Verhalten von Vorgesetzten oder flapsige Bemerkungen ehemaliger Kolleginnen und Kollegen als kränkend und den Selbstwert verletzend erlebt. Auch die vielfach fehlende gesellschaftliche Würdigung des Rentnerdaseins macht es vielen schwer, sich in die neue Rolle hineinzufinden. Wie auch immer: Es war letztlich das subjektive Selbstwertkonzept, das eine zentrale Rolle spielte. „Was bin ich denn noch wert, jetzt, da man mich nicht mehr zu brauchen scheint?", „Welchen Wert hab ich denn noch, wo ich doch ausgemustert worden bin und jetzt zum alten Eisen gehöre?" Solche und ähnliche Fragen können quälend sein.

An dieser Stelle braucht es buchstäblich eine Neube-WERT-ung" seiner selbst, eine Revision des bisherigen Selbstwertkonzepts, um den fälligen Übergang gut meistern zu können.

Das Potenzial in der Krise

Wachstumsimpuls

Krisen bergen allerhand Potenzial. Sie eröffnen neue, bisher ungeahnte Möglichkeiten. Sie sind eine Einladung des Lebens an uns. Zeiten der Krise sind

Wachstumszeiten. Krisen sind für unser geistiges Wachstum unverzichtbar. Aber so, wie wir in der Kindheit in Wachstumsschüben auch mit Wachstums*schmerzen* konfrontiert waren, so sind auch die Krisenzeiten oft sehr schmerzhafte Phasen. Dies als *Wachstums*schmerz zu begreifen, kann uns helfen, es zu akzeptieren, eben im Wissen, dass etwas Gutes daraus er-wachsen kann. Das Wichtigste in unserem Leben lernen wir ja gerade in schwierigen Zeiten: Wie selten sonst überprüfen wir unser Leben daraufhin, was für uns wirklich wichtig ist. Was wahrhaft zählt in unserem Leben. Viele Menschen bekunden in der Rückschau, dass eine Krisenzeit, so schwierig sie auch war, für ihre eigene Weiterentwicklung wichtig war. Auch wenn wir jetzt drinstecken, können wir uns bewusst machen: Es wird eine Zeit kommen, in der wir zurückblicken werden und in der Rückschau sehen können, wozu sie gedient hat.

Aus der Resilienzforschung wissen wir: Wer durch eigene Krisen gegangen ist, entwickelt besondere Fähigkeiten, um zukünftige Krisen meistern zu können. Und nicht nur das: Durchlittene Krisen können uns helfen, auch außerhalb von Krisenzeiten unseren Alltag bewusster zu gestalten und andere Prioritäten zu setzen! So ist eine Krise zum Beispiel eine Chance, feinfühliger zu werden. Sie lädt uns ein, genauer hinzuschauen, unseren Blick für das Wesentliche zu schärfen. Wir werden womöglich hellhöriger für das, was wir sonst überhören würden. Und indem wir selbst lernen, durch Krisen hindurch zu gehen, können wir auch andere darin begleiten, Krisen zu bewältigen.

Vielleicht geht es Ihnen ähnlich: Ich beobachte gerne ältere, lebenserfahrene Menschen. Manchmal frage ich mich: Was hat diesen Menschen wohl geprägt? Was hat ihn zu dem Menschen werden lassen, der er heute ist?

Eine weise, in sich ruhende ältere Frau hat mir auf meine Frage, wofür Sie in Ihrem Leben in der Rückschau besonders dankbar sei, Folgendes geantwortet: „Das, was mich in meinem Leben auf meinen Weg geführt hat, ist nicht aus freier Einsicht geboren oder durch Nachdenken entstanden, sondern es geschah dadurch, dass Türen zugingen, dass Menschen mich verlassen haben, dass ich vom Leben ein NEIN bekommen habe. Was ich zuvor noch mit Bedauern als ‚Schicksal' bezeichnet hatte, ist im Nachhinein zum ‚geschickten Heil' geworden."

Tatsächlich lernen wir am meisten dadurch, dass wir schwere Zeiten durchwandern; denn in ihnen liegen besondere Wachstumsimpulse. Es ist ähnlich wie beim Schwimmunterricht: Schwimmen lernen wir nur, wenn wir bereit sind, nass zu werden.

Vielem können wir nicht ausweichen, es gehört dazu. Wir müssen bereit sein, auch Unangenehmem zu begegnen und unangenehme, „schwache" Gefühle zuzulassen wie Ohnmacht, Verzweiflung, Hilflosigkeit, Angst. Vielleicht ist es ein Weg durch das viel zitierte „Tal der Tränen". Aber gerade auf diesem Weg wachsen wir an Fähigkeiten, an Bewältigungsstrategien - und damit auch an Zuversicht.

Fokussierung, um authentischer zu werden

Eine große Chance der Krise liegt darin, dass sie uns zwingt, ganz fokussiert zu sein. Wir blicken auf das, was jetzt wesentlich ist. Für unwichtige Nebenschauplätze haben wir gar keine Kraft zur Verfügung. Jetzt heißt es, alle Kräfte zu bündeln: So können wir Herausforderungen bestehen, bei denen wir uns im Nachhinein fragen: Wie habe ich das nur geschafft?!

In einer Krise kommen wir an verborgene Kräfte, die wir in diesem Moment benötigen und an die wir sonst gar nicht herangeführt würden. Eine Krise wirkt wie ein Brennglas. Ein Brennglas dient der Bündelung von Energien, um etwas neu zu entzünden. Eine Krise ist vor allem ein Brennglas für das Essenzielle unseres Lebens.

Während wir in der Selbstverständlichkeit unseres „Alltagsbewusstseins" Gefahr laufen, die Prioritäten falsch zu setzen, ist eine Krise einem Weckruf vergleichbar. Solange unser Leben nur so dahinplätschert, lernen wir wenig dazu. Eine Krise ist dagegen wie ein Türöffner für Neues, für einen Weg zu mehr Selbstbestimmtheit und Authentizität. Sie macht deutlich, dass wir womöglich schon länger ein Leben gelebt haben, das uns nicht mehr entsprochen hat. Sie bringt ans Licht, ob wir uns zu sehr angepasst haben, sodass unser Leben nicht mehr zu uns gepasst hat –

sei es, dass wir zu viel Energie in etwas gesteckt haben, was keinen Nährwert mehr für uns hatte, sei es, dass wir uns so für etwas engagiert haben, zu dem wir nicht mehr wirklich ja sagen konnten, oder dass wir über all die Arbeit unsere wichtigsten Beziehungen vernachlässigt haben.

Im Grunde genommen wissen wir durchaus, was uns wichtig ist und uns am Herzen liegt, aber wir leben nicht immer danach. Die Krise kann eine Gelegenheit sein, wahrhaftiger zu werden.

Es braucht oftmals erst einen wirklichen Leidensdruck, damit wir bereit zu einer Veränderung sind. In einer Krise fühlen wir uns von allen Seiten bedrängt, ja regelrecht in die Enge getrieben, sodass wir nicht mehr ausweichen können. Haben wir den Eindruck, äußerlich keinen Handlungsraum mehr zu haben, so ist dies die Chance, dass sich in uns ein Raum auftut: ein Lebens-Raum in uns, der sich neu öffnen möchte und uns neues, von innen her kommendes Leben ermöglichen möchte.

„Mein Leben war wie ein Leben in einem goldenen Käfig. Er war zwar mit vergoldeten Gitterstäben ausgestattet, aber es war ein Käfig!", so beschreibt Markus (52) in der Rückschau seine Zeit als Manager eines großen Wirtschaftsunternehmens: „Schon länger hatte ich gespürt, dass ich nicht mehr am richtigen Platz war und immer unglücklicher wurde. Gleichzeitig hatte ich eine Seite in mir, die sehr materialistisch war; ich gierte förmlich nach noch mehr Geld und Anerkennung. Ich bewegte mich in einem Milieu, das von Manipulation und Ausbeutung geprägt war. Mir selbst tat das gar nicht mehr gut, doch ich war zu feige, freiwillig die Reißleine zu ziehen. Es brauchte einen großen ‚Knall': Ich überwarf mich mit meinem Vorgesetzten, was meinen Rauswurf aus dem Unternehmen zur Folge hatte. Dies führte zu der größten Krise meines bisherigen Lebens. Erst dadurch aber wurde mir bewusst, wie sehr meine Gedanken bisher darum kreisten, wie ich vor anderen dastehe und was andere über mich denken. Mehr und mehr hatte das mein Denken und mein Verhalten gefangen genommen. Erst durch den Rauswurf habe ich angefangen, mich zu fragen, was ich selbst denn wirklich möchte – und genau das ist für mich der Weg in die Freiheit."

Kreativitätsschub

Befinden wir uns in einer Krise, so bedeutet dies, eine Zeit der Verunsicherung, eine Art Ausnahmezustand durchzustehen. Die so vertraute Weltwahrnehmung wird durch krisenhafte Ereignisse plötzlich infrage gestellt: Durch die Trennung vom Partner, durch den Tod einer wichtigen Bezugsperson, durch den Arbeitsplatzverlust oder gravierende gesundheitliche Einschränkungen können wir uns nicht mehr an den bisherigen Routinen, Wertvorstellungen und Denkgewohnheiten festhalten. Wir spüren, dass wir darin nicht verharren dürfen, sondern einen neuen Weg einschlagen müssen.

Gerade als Erwachsene leben wir oft in recht eingefahrenen, teils geradezu verkrusteten Gewohnheiten, die nun nicht mehr taugen: Eine Krise erzwingt ein Ausbrechen aus Vertrautem.

Um Lösungen zu finden, können wir neue Ideen und Fähigkeiten entdecken oder in Vergessenheit geratene wiederbeleben. Unser kreatives Potenzial wird auf diese Weise enorm angeregt. Das hat sich zum Beispiel schon in den ersten Monaten der Corona-Pandemie gezeigt: Unzählige Menschen betraten Neuland, um – ganz anders als gewohnt – weiter ihren beruflichen Aktivitäten nachgehen zu können und mit den Einschränkungen zurechtzukommen. Homeoffice, Webinare, Videokonferenzen und viele andere kreative Lösungen hatten plötzlich Hochkonjunktur. Selbst die sonst oft als unbeweglich wahrgenommenen Kirchen fanden in Zeiten des Versammlungsverbotes neue Wege, wie zum Beispiel live gestreamte Gottesdienste, um ihrem seelsorgerlichen Auftrag gerecht zu werden.

Zeiten der Krise schaffen gute Voraussetzungen, die Komfortzone zu verlassen und an den Umständen und Herausforderungen zu wachsen und zu reifen. Die bisherige Lebensweise wird aufgeweicht und bereitet somit den Nährboden für andere Einstellungen oder Aktivitäten, um den Wunsch nach neuer Lebensfreude zu beleben. Manch einem wird in der Krise – schmerzhaft und heilsam zugleich – bewusst, wie freudlos und eingefahren doch sein bisheriges Leben war. Eine Krise fördert unsere psychische Flexibilität.

Wir sind herausgefordert, in angemessener und wirksamer Weise auf eine neue Situation zu reagieren.

Auch unsere kreativ-künstlerischen Fähigkeiten können helfen, krisenhafte Verluste bewältigen. Ein schönes Beispiel hierfür ist Herbert Grönemeyer. Er verarbeitete die Trauer um den Krebstod seiner langjährigen Frau Anna in seinem Lied „Mensch". In den Charts belegte es über mehrere Wochen Platz 1; offenbar hat es wie kein anderes seiner Lieder die Herzen seiner Fans erreicht.

Wertehierarchie klären

Martin hatte viele Jahre als Redakteur einer Zeitung gearbeitet. Während die eigene Spannkraft langsam nachließ, nahm der Druck des ständigen Produzieren-Müssens mehr und mehr zu. Um Kosten einzusparen, bot ihm der Verlag an, mit 58 in die Frühberentung zu gehen. Zunächst löste das in ihm eine regelrechte Selbstwertkrise aus, kreiste doch sein Denken mehr oder weniger ausschließlich um die Arbeit. Ein Leben ohne Arbeit? Unvorstellbar! Dann aber nahm er doch die angebotene Abfindung an und versuchte sich damit zu arrangieren, „nicht mehr gebraucht zu werden".

Es war ein Glück, dass fast zeitgleich Lena, seine erste Enkeltochter, zur Welt kam. Da ihre Eltern beruflich sehr eingespannt waren, bot er an, sich um Lena zu kümmern. Die Stunden und Tage mit seiner Enkeltochter halfen ihm, sein bisheriges hochtouriges Tempo zu entschleunigen. Er spürte zunehmend, wie ihm die Langsamkeit, aber auch die gelegentlich aufkommende Langeweile gut taten.

Martin erzählt: „Lena hilft mir, mein wahres Lebenstempo zu finden. Mir wurde bewusst, dass ich im Grunde genommen ein langsamer Mensch bin, was ich mir in meinem eng getakteten Berufsleben nie eingestehen konnte. Mittlerweile ist Lena vier Jahre alt. Für mich ist sie zum größten Geschenk meines Lebens geworden. Sie hat meinen Umgang mit der Zeit wie auf den Kopf gestellt. Da ich im Gegensatz zu früher keinen inneren Zeitdruck mehr verspüre, kann ich mich ungestört auf Lenas Welt einlassen. Materiell habe ich zwar weniger; ich muss mir genauer überlegen, was ich mir leisten kann und was nicht. Aber innerlich bin ich viel reicher geworden. Ich habe begriffen, wie wertvoll es für mich ist, Zeit für mich und meine Liebsten zu haben. Wollte ich früher mal Millionär werden, bin ich jetzt froh, ein ‚Zeitmillionär' geworden zu sein! Neulich spielte ich mit Lena den ganzen Tag im Wald. Abends auf dem Nachhauseweg schaute sie mich mit ihren großen Augen an und meinte: ‚Die Welt ist so schön – mit dir, Opa!' Dieser Moment hat mich tief, tief innen berührt. Das war die schönste Liebeserklärung, die ich jemals erhalten habe."

Ein eindrucksvolles Beispiel, wie sich das eigene Wertesystem durch eine Krise verändern kann! Was vorher nebensächlich, ja gänzlich unbedeutend erschien, wird plötzlich ganz wichtig. Anderes, worüber wir uns viele Gedanken gemacht haben und was im Fokus unserer alltäglichen Sorgen war, wird zur Nebensache.

Der bekannte Film- und Theaterregisseur Christoph Schlingensief, der 49-jährig an einem Lungenkrebsleiden verstarb, schrieb unter dem Titel: „So schön wie hier kann es im Himmel gar nicht sein!" ein Tagebuch seiner Krebserkrankung. Angesichts seiner lebensbedrohlichen Erkrankung entdeckte er so viel Wundervolles in den vermeintlichen Alltäglichkeiten, dass er zusammenfassend feststellte: „Das Normalste ist das Schönste."

Zeitqualität

> *Der Mensch besitzt nichts Edleres und Kostbareres als die Zeit.*
>
> *(Ludwig van Beethoven)*

Die meisten Menschen hierzulande beklagen, dass sie zu viel Stress und zu wenig Zeit haben. Dies mag zum einen an unserer gesellschaftlichen Lebensideologie liegen, wonach die Arbeits- und Lebenswelten immer ökonomisierter und durchgetakteter werden. Aber auch individuelle Faktoren spielen hinein, die wir in uns tragen und die es uns schwer machen, einen entspannten, ja genussvollen Umgang mit unserer Lebenszeit zu finden. Oft scheinen wir nach dem Motto „Genug ist nicht genug" zu leben, wie ein treffender Titel des Liedermachers Konstantin Wecker lautet. Ist doch das menschliche Begehren unendlich, während unsere Lebenszeit sehr wohl endlich ist. Somit laufen wir Gefahr, in immer weniger Zeit immer mehr hineinstopfen zu wollen. Und während wir uns nach mehr Zeit sehnen, wissen wir paradoxerweise nichts damit anzufangen, wenn sie plötzlich da ist. In unverhofften Zeiten des Nichtstuns handeln wir, als würden wir einem wilden Tier begegnen: Zunächst erschrecken wir, dann vertreiben wir sie oder schlagen sie tot. Blaise Pascal beschrieb es so: „Das ganze Unglück der Menschen rührt allein daher, dass sie nicht ruhig in einem Zimmer zu bleiben vermögen." Die innere Unruhe der Menschen war offenkundig bereits im 17. Jahrhundert ein Thema.

Sich Zeit zu wünschen ist das eine. Zeit zu haben ist etwas anderes: Womöglich verspüren wir dann Lange-Weile. Wir sind mit uns selbst konfrontiert. Zeit zu haben beinhaltet, Verantwortung für unser seelisches Innenleben zu übernehmen: Wie sehr haben wir es gepflegt? Sind wir vielleicht wenig fürsorglich damit umgegangen?

Wenn wir zum Innehalten genötigt sind, bekommen wir die Chance, die Zeitdiebe unseres Lebens zu entlarven, und so auch eine Gelegenheit, die Zeit eben nicht nur totzuschlagen, sondern uns bewusst Zeit *zu nehmen*. Lauschen wir nach innen, können wir von dort her Orientierung finden. Zuallererst können wir die Zeit wiederentdecken als das kostbarste Gut, das wir besitzen – nicht weil wir sie uns verdient hätten, sondern weil sie uns geschenkt ist.

Selbsterkenntnis

„Mensch, erkenne dich selbst!" – So lautet die vielzitierte Inschrift am Apollotempel von Delphi, eine Aufforderung zu menschlicher Selbsterkenntnis mit dem Ziel, im Einklang mit der eigenen Natur und der natürlichen Ordnung zu leben. Als ihr Urheber galt in der Antike der Gott Apollon selbst. Heutzutage scheint diese Aufgabe weitgehend an den Berufsstand der Psychotherapeutinnen und -therapeuten delegiert zu sein: Gerade sie sollen suchenden Menschen letztlich zu mehr Selbsterkenntnis verhelfen.

Krisen sind der entscheidende Katalysator für Prozesse der Selbsterkenntnis. Ohne Krisen, die oft mit psychischen und körperlichen Schwierigkeiten einhergehen, würde sich wohl kaum einer auf einen therapeutischen Weg begeben. Im Erleben der Krise begegnen wir bisher nicht gekannten Facetten von uns. „Aha, das bin ich also auch ...", „Aha, so fühlt sich diese oder jene Extremerfahrung an ..."

Eine Krise katapultiert uns wie gesagt aus unserer bisherigen Komfortzone heraus. Wir verlieren unser gewohntes sicheres Terrain, um im besten Fall gestärkt aus der Krise hervorzugehen, mit einer bewussteren Wahrnehmung, wer wir sind. Wenn wir unsere Balance verloren haben, wenn uns die sicher geglaubte (vermeintliche?) innere Mitte abhanden gekommen ist, gilt es, diese neu und tiefer wiederzufinden. Die Bewältigung der Krise kann letzten Endes zu einer neuen Vergewisserung und tiefen Einsichten führen:

Es ist ein Prozess, in dem wir unseren alten, tief verinnerlichten Glaubenssätzen, unseren alten Mustern und Prägungen begegnen. Das eigentliche Problem ist ja nicht so sehr, wer wir sind, sondern wie wir uns sehen, wie wir uns betrachten, für wen wir uns halten. Der schmerzliche Weg der Selbsterkenntnis kann wichtige neue Weichenstellungen in uns reifen lassen.

Beispielhaft möchte ich an dieser Stelle die Erfahrung einer Patientin, Mitte 50, weitergeben.

Carina litt schon jahrelang unter massivem Übergewicht. Seit einigen Monaten hatte sie Schmerzen in beiden Knien, die kaum auszuhalten waren; eine schwere Arthrose wurde diagnostiziert. Carina war verzweifelt. Immer wieder stellte sie sich die gleiche Frage: „Warum wollen meine Knie mich nicht mehr tragen?"

Ich lud Carina ein, sich in einer Imaginationsarbeit vorzustellen, dass ihre Knie eine Stimme hätten und auf ihre Frage antworten könnten. Was würden sie wohl erzählen? Die Antwort, die sie auf diese Weise erhielt, lautete: „Wir wollen dich nicht mehr tragen, weil du auf dem falschen Weg bist." Es fiel Carina wie Schuppen von den Augen: Ja, ich gehe immer weiter in die gleiche Richtung, obwohl ich es eigentlich so nicht mehr aushalte. – In ihrer Herkunftsfamilie war es offenbar so, dass man erst schwer krank werden musste, um einer untragbaren Situation zu entkommen. „Es muss doch auch anders gehen", überlegte Carina bei sich.

Sie entschloss sich, ihre Knie operieren zu lassen. Und sie war nun bereit, ihre Lebenssituation radikal zu ändern. Sie schwor sich: Ich erlaube mir, fortan *meinen* Weg zu gehen, so, wie er für mich stimmig ist! Ich muss nicht wieder krank werden, um eine notwendige Richtungskorrektur vornehmen zu dürfen. Und wenn ich auf meinem Weg müde und erschöpft werde, darf ich mich einfach ausruhen. Und zwar, *bevor* ich krank werde.

Krise als Initiation

In vielen Kulturen und religiösen Traditionen haben Initiationsriten einen festen Platz. Im Altertum markierte eine Initiation die Zulassung zu bestimmten Mysterien. In Naturvölkern überschreiten noch heute Jugendliche die Schwelle ins Erwachsenenleben, indem sie ein Initiationsritual bestehen. Da werden zum Beispiel junge Männer nachts alleine in die Wildnis geschickt, eine Grenzerfahrung, die sie mit ihren eigenen Ängsten konfrontiert, bevor sie dann in die Gemeinschaft der erwachsenen Männer aufgenommen werden.

Bei einer Initiation geht es um die Aufnahme in einen anderen, reiferen Seinszustand, etwa vom Laien zum Schamanen oder vom Novizen zum Mönch. Katholische Christen kennen die „Initiationssakramente“ Taufe, Erstkommunion und Firmung; besonders die Firmung bzw. bei evangelischen Christen die Konfirmation markieren die bewusste Eingliederung in die kirchliche Gemeinschaft, verbunden mit der Übernahme von Verantwortung. Auch im weltlichen Bereich gab und gibt es Initiationshandlungen: im Mittelalter etwa der Ritterschlag, der die Erhebung in den Ritterstand signalisierte, oder heutzutage bei Jugendbanden, in denen im Rahmen eines Aufnahmerituals eine Mutprobe zu bestehen ist.

Der Prozess einer Initiation folgt oft einem ähnlichen Muster: Der bisherige Normalzustand wird unterbrochen, eine Art Bewährungsprobe ist zu bestehen; es gilt, eine neuartige Aufgabe zu bewältigen, bevor dann die Reintegration erfolgt, jetzt in einen höheren Seinsstand. Ist die Integration erfolgreich verlaufen, folgt gewöhnlich ein Fest, in dem der neu erreichte Zustand gefeiert wird.

Das Phänomen der Initiation ist dem Prozess einer Krise nicht unähnlich. Bemerkenswert ist auch die Tatsache, dass viele Lebenskrisen genau an jenen Schwellen unseres Lebens auftreten, an denen traditionell Initiationsrituale ihren angestammten Platz hatten: beim Übergang vom Pubertierenden ins Erwachsenenalter, beim Wandel einer Paarbeziehung zur Elternschaft, beim Übertritt von der beruflichen Tätigkeit in den „Stand der Ältestenschaft". In unserer heutigen Gesellschaft spielen Initiationsrituale keine wirkliche Rolle mehr. Da die Institution Kirche mit ihren Ritualen vielfach an Glaubwürdigkeit und Zuspruch verloren hat, droht eine Art Vakuum an wichtigen Schwellen des Lebens. Für Jugendliche ist allenfalls der Erwerb des Führerscheins eine Art Initiation in den Autonomiebereich von Erwachsenen hinein, der sich durch die Erlaubnis, ein motorisiertes Fahrzeug lenken zu dürfen, ausdrückt.

Persönliche Lebenskrisen gerade an den Schwellen des Lebens können als Durchgangsstadium verstanden werden. Ihre Bewältigung führt zu einem neuen, erweiterten Bewusstseinszustand; sie dienen der Entwicklung unseres Menschseins hin zu mehr Reife und Ganzheit. Immer wieder geht es dabei um die Aufgaben der Integration, Eingliederung und Neuetablierung von Fähigkeiten und gesellschaftlichem Status und der persönlichen wie gesellschaftlichen Weiterentwicklung.

Zusammenfassend ließe sich sagen: Viele Krisen könnte man als eine Form von Initiationsgeschehen begreifen – als Schwellenübergänge, die für unsere eigene Entwicklung und Integration notwendig sind.

Kollektive Krisen

Die Welt im Wandel

Als Angela Merkel in ihrer Neujahrsansprache zur Jahreswende 2019/2020 von „Mut zur Veränderung" sprach, ahnte kaum jemand, welch dramatischer Wandel kurze Zeit später nicht nur Deutschland, sondern die ganze Welt ergreifen würde. Es gab zwar schon Berichte über den Ausbruch einer bis dato unbekannten Virusinfektion im chinesischen Wuhan, aber es war nicht abzusehen, welche weltumspannende Dramatik sie auslösen würde. Doch auch unabhängig davon war klar: Wir brauchen mehr denn je den Mut zu neuem Denken. Wir brauchen die Kraft, bekannte Wege zu verlassen. Wir brauchen die Bereitschaft, Neues zu wagen. Wir müssen uns wandeln, weil sich die Welt um uns herum wandelt, und zwar so schnell wie nie zuvor. Mut zur Veränderung ist wichtiger denn je. Im Hinblick auf den menschengemachten Klimawandel mit seinen jetzt schon unübersehbaren Folgen. Im Blick auf den digitalen Wandel, der die zukünftige Arbeitswirklichkeit vieler Menschen verändern wird. Im Blick auf die Probleme einer globalisierten Welt voller Ungerechtigkeiten und immer neuer humanitärer Katastrophen mit vielerlei Ursachen.

Und dazu kam dann gänzlich unerwartet diese Pandemie, die sehr bald die Berichterstattung in den

Medien beherrschte: Die Coronakrise wurde zum bestimmenden Thema, und die damit einhergehenden Veränderungen waren rasch mitten in unserem Alltag angekommen.

Gemeinsam statt einsam

Schlagartig war alles verändert. Wir wurden verändert. Ein mikrosokopisch kleines Virus – für unsere Augen unsichtbar – hat ans Licht gebracht, wie verwundbar unser aller Leben doch ist und wie verbunden wir auch dadurch als Menschen sind. Wirklich *alle* Menschen. Wir sind verbunden in der Gefahr, mit diesem Virus angesteckt zu werden. Weltweit. Wir sind ebenso darauf angewiesen, gemeinsam diese Krise zu meistern. Weltweit.

„In China ist ein Sack Reis umgefallen" war einmal eine Redewendung, um ein für uns gänzlich unbedeutendes Ereignis zu umschreiben. In einer globalisierten, weltweit vernetzten Welt aber kann es sehr wohl bedeutsam für uns sein, was irgendwo anders passiert: Es gehört zum Wesen der Globalisierung, dass sich Veränderungen an einem bestimmten Ort der Erde direkt oder indirekt auch auf uns auswirken, denken wie etwa an die vielen, die als Flüchtlinge der Not in ihrer Heimat zu entkommen versuchen.

Die neuartige Infektion war erstmals bei Besuchern eines Tiermarktes in Wuhan aufgetreten. Als Ursache wird ein sog. „Spillover", also die Übertragung eines Virus durch ein Wildtier auf den Menschen, vermutet. Ein solches Überspringen kann im Zusammenhang mit der Zerstörung des Lebensraums von Wildtieren, ihrer Jagd und dem Handel mit ihnen beobachtet werden. Die Umstände des Überspringens auf den Menschen, aber auch die Tatsache, dass eine lokale Infektion innerhalb von drei Monaten zu einem alle Kontinente umspannenden Flächenbrand werden konnte, hat mit unserer heutigen Lebensweise zu tun. Epidemische Infektionen waren in der Medizingeschichte immer wieder zu beobachten, doch die jetzige ist von einer neuen Dimension. Noch nie in der Menschheitsgeschichte waren wir durch Warenverkehr, Reisemöglichkeiten, internationale Verflechtungen so eng miteinander verwoben wie heute. So gesehen ist diese Pandemie menschengemacht und Ausdruck unserer globalisierten Lebensweise.

Die Ausbreitung des Coronavirus hat uns drastisch vor Augen geführt, dass wir alle Schicksalsgefährten in einer bedrohten Welt sind. Unser Planet ist gewissermaßen ein großer Organismus; wir alle sind Teil dieser einen Wirklichkeit. Wir sind *eine* Welt, und das Virus macht nirgends Halt: vor keinem Land der Erde, vor niemandem. Wir haben erlebt, dass alte Reflexe, sich abschotten zu wollen, für eine langfristige Krisenbewältigung nicht taugen.

Beinhaltete die drohende Klimakatastrophe nicht schon lange zuvor genau die gleiche existenzielle Botschaft? Die Botschaft, dass es für eine kollektive Krise das gemeinsame Zutun von allen braucht!? Ja, gewiss, aber die Notwendigkeit eines entschlossenen gemeinsamen Handelns wurde und wird in langwierigen Klimadebatten und -konferenzen nur halbherzig angegangen. Die gewaltige Dynamik des Coronaerregers wurde demgegenüber phasenweise wie ein schrillender Wecker erlebt, dessen Läuten in unser im Dämmerzustand befindliches Bewusstsein gedrungen ist. Schlagartig merkten wir, dass unser Leben, wie wir es kannten, auf unsichtbare Weise einer potenziell lebensgefährlichen Bedrohung ausgesetzt sein kann. Ein Gefühl der Unsicherheit machte sich breit, und dies in einer Zeit, in der immer mehr machbar schien. Planungen, die unsere Zukunft betrafen – ob persönlicher Terminkalender oder gesellschaftliche Großveranstaltungen – mussten ganz beiseitegelegt werden, um im Hier und Jetzt, von Tag zu Tag die nächsten Schritte abzuwarten. Was ist das Gebot der Stunde? Wie kann das Ansteckungsrisiko reduziert werden? Was ist die richtige Balance zwischen Gesundheitsschutz und wirtschaftlichen und psychischen Folgeerscheinungen durch Distanzunterricht, Schließung von Kitas, Stilllegung von Betrieben und des öffentlichen Lebens? Fragen, die zeigen, wie wichtig ein achtsames, vorsichtiges und zugleich geduldiges Agieren ist.

Wie lassen sich in einer Zeit der Verunsicherung zugleich ein Mitgefühl, Offenheit und Vertrauen entwickeln, die in Zeiten von „social distancing" nötiger sind denn je? Die gewohnte Welt war ver-rückt worden. Körperliche Nähe, Umarmung, ein Händedruck:

Waren dies nicht die Formen, wie wir uns gegenseitig Schutz und Sicherheit gewährten? Nun war das Gebot der Stunde, Abstand zu halten, Distanz zu wahren, um uns gegenseitig zu schützen. Welch eine Irritation! Bisher gebräuchliche Formen der menschlichen Begegnung wurden in ihr Gegenteil verkehrt.

Doch gerade so hat uns diese neuartige Situation die Chance einer Bewusstwerdung geboten, was wirklich menschliches Miteinander ausmacht. Nicht wenige haben mehr denn je gespürt, wie sehr sie sich nach Zeichen wie einer Umarmung sehnen, verbunden mit dem Wunsch und der Hoffnung, sie in großer Bewusstheit und Achtsamkeit wieder zu erleben.

Für mich sind Zeiten des Verzichts, ob selbstgewählt im Rahmen einer Fastenzeit oder in diesem Fall von außen auferlegt, immer eine großartige Gelegenheit, vertiefende Erkenntnisse zu erlangen: Mit welcher Selbstverständlichkeit habe ich doch zuletzt so manches einfach als gegeben hingenommen! Wie häufig konsumiere ich etwas nur, ohne wirklich in der Tiefe den eigentlichen Genuss zu verkosten! Was so einfach, so selbstverständlich verfügbar war, mir manchmal vielleicht sogar zu viel wurde, bekommt auf einmal einen ganz neuen Geschmack.

Verändert waren auch viele Gespräche: Sie gingen weniger um oberflächliche, belanglose Dinge; jetzt teilten sich Menschen leichter ihre Ängste, ihre Sorgen mit. Plötzlich ging es um existenzielle Fragen, um wirklich Wichtiges. Die sonst so oberflächliche, floskelhafte Frage: „Wie geht's?", die standardmäßig mit

„Gut geht's!" beantwortet wurde, bekam gerade in dieser ersten Zeit der Pandemie mehr Inhalt, mehr Tiefe. Wie geht es dir wirklich, angesichts der gemeinsamen Bedrohung? Wie kommst du damit zurecht? Wie ergeht es deinen Liebsten? Wie geht es dir/euch angesichts der allgegenwärtigen Verunsicherung und der Sorgen um die Gesundheit und hinsichtlich der wirtschaftlichen Folgen der Krise?

Eine kollektive Krise kann zu einer idealen Gelegenheit werden, andern zu helfen, sich solidarisch zu erweisen. Zu hören und nachzuhören. Etwas von sich selbst mitzuteilen. Es nicht bei einer kurzen WhatsApp-Nachricht zu belassen, sondern mal wieder zum Telefon zu greifen. Einen Kontakt wiederzubeleben, sich gegenseitig Dankbarkeit zu bekunden und da, wo vorher ein Zwist war, Samen der Wiederannäherung zu säen …

Als viele immer wieder fragten, wann wir endlich wieder zu unserer vertrauten Normalität zurückfinden könnten, lautete die Antwort des Zukunftsforschers Matthias Horx ganz einfach: „Niemals! Die Welt *as we know it* löst sich gerade auf. Aber dahinter fügt sich eine neue Welt zusammen, deren Formung wir zumindest erahnen können."

Die Corona-Krise als schier unglaubliche, bis dato nicht dagewesene *Einladung* an uns als Menschheit wie als Einzelne!? Als Einladung zu einer neuen Qualität von Bewusstheit!? Als Einladung zu einem posttraumatischen Wachstum in unserer Art und Weise, miteinander und mit den Grundlagen unseres Lebens umzugehen?! Die Krise hat uns zumindest zunächst einmal so manches aufgezwungen, wozu wir vorher nicht bereit waren: weniger Treibhausgasse durch weniger Mobilität, weniger Produktion, weniger Konsum, ein verändertes Wirtschaften und Verhalten. Tiefgreifende Veränderungen *sind* notwendig, in vielen Bereichen; ein einfaches Zurück zur alten sogenannten „Normalität" mit all ihren negativen Folgen wäre weder sinnvoll noch wünschenswert. Die Frage wird sein, ob es uns gelingt, *nachhaltig* zu lernen.

Geschenk des Lebens

So sehr individuelle und kollektive Krisen sich unterscheiden mögen, so sind sie auf einer strukturellen Ebene doch miteinander verwandt. Offenbar gilt für beide:

Oftmals ahnen, ja wissen wir schon längst, dass wir etwas verändern müssten.

Wir sind aber innerlich noch nicht wirklich ganz bereit dazu. Erst wenn das Leben uns durch eine handfeste Krise dazu zwingt, tun wir das Notwendige: das, was die Not wenden kann.

Ändert sich auf einer kollektiven Ebene etwas Grundsätzliches, so müssen wir uns auch auf der individuellen Ebene verändern, um die Herausforderungen, die die Veränderung im Großen mit sich bringt, unsererseits gut bewältigen zu können.

Innehalten

Wenn das Coronavirus reden könnte ... oder einen Brief schreiben könnte, was würde es wohl erzählen über die Welt als Ganzes, über uns und unser Leben? Stellen Sie sich vor, das Virus hätte Ihnen ganz persönlich einen Brief geschrieben und Ihnen eine Botschaft zukommen lassen. Was würde in diesem Brief stehen?

Vielleicht wollen Sie sich ja tatsächlich Zeit nehmen, um in der Rückschau einen an Sie adressierten „Brief des Virus" zu formulieren. Was ist rückblickend die Einladung an Sie selbst?

Wenn wir festhalten bzw. uns nochmals vergegenwärtigen, was uns in einer herausfordernden Zeit aufgegangen ist, werden wir uns leichter tun, die Botschaft dieser Zeit lebendig zu halten. Wir alle haben wohl neu erlebt, wie verletzlich doch letztlich unser menschliches Leben ist. Wie zart. Wie kostbar jeder Atemzug. Atemzug für Atemzug. Vielleicht möchte das Virus – wie im Übrigen jede andere Krise auch – uns sagen:

Schenken Sie Ihre ganze Aufmerksamkeit dem Leben. Dem Leben und dem, was Ihnen in diesem Leben persönlich ganz besonders wichtig ist.

- *Wohin haben Sie Ihre Aufmerksamkeit zuletzt gelenkt?*
- *Was geschieht, wenn Sie Ihre Aufmerksamkeit mehr dem Eigentlichen des Lebens, I h r e s Lebens schenken?*
- *Wenn in einer Zeit der Einschränkungen manche Dinge nicht mehr möglich sind, dann konzentrieren Sie sich auf die einfachen, aber ebenso wundervollen Dinge des Lebens. Freuen Sie sich – wie ein kleines Kind es uns vormacht – an den Wundern und Schönheiten des Lebens:*
  Sehen Sie das Blühen einer Blume – ist sie nicht wunder-voll?
  Hören Sie den Gesang eines Vogels – ist er nicht zauberhaft?

Wenn wir aufhören, durch unser Leben zu hetzen, bekommen wir die Gelegenheit, mit neuen Augen die kleinen und großen Wunder des Lebens, die allgegenwärtigen Schönheiten des Lebens zu entdecken. Solange unser Geist unentwegt beschäftigt ist mit den alltäglichen Kümmernissen und wir uns in der Hektik verlieren, so lange verpassen wir die Schönheiten des Lebens. Es ist, als ob wir taub und blind wären für das, *was wirklich ist.*

Wir sind eingeladen, die Augen zu öffnen für die Schönheit des Lebens. Für die einfachen Dinge. Für die Wunder des Lebens. Es gibt sie!

Komm nach Hause

When you can't go outside – go inside." Auf dem Höhepunkt der Coronakrise erlebten wir eine beispiellose Rückholaktion: Für Abertausende Urlauber hieß es: Zurück nach Hause! – Eine Krise ist eine Einladung, „nach Hause zu kommen", auch und vor allem im übertragenen Sinne des Zu-sich-selbst-Kommens. Haben wir uns womöglich im alltäglichen Rennen und Hetzen verloren? Bekommen wir jetzt endlich die Erlaubnis, uns zu entschleunigen und auch unsere Gedanken, unseren Geist mehr nach innen zu richten? Um bei uns zu sein, um anzukommen an einem Ort, wo wir Ruhe und Geborgenheit finden können. Wo Ausruhen keine Zeitverschwendung ist.

Innehalten

- *Wo ist Ihr Zuhause?*
- *Wo kann Ihr Geist zur Ruhe kommen? Wo finden Sie selbst zu innerer Einkehr?*

Eine kollektive Krise kann für uns zum Anstoß werden, nach innen zu gehen, hinein in uns selbst. Eine Gelegenheit, neue Räume in uns zu entdecken! Werden äußere Räume enger, so können innere Räume weiter werden. Wir können uns Zeit nehmen, uns unserer Innen-Welt zuzuwenden. Wir können uns selbst auf eine ganz neue Weise nahekommen, ganz nah hinsehen, statt beispielsweise fernzusehen.

Werde still

Als das öffentliche Leben nach dem Ausbruch der Coronakrise zurückgefahren wurde, wurde es draußen plötzlich ziemlich still. Wo sonst die Geräusche all derer, die unterwegs waren, zu vernehmen waren, herrschte Ruhe. Für manch einen war es eine fast gespenstische Stille, wenn auf öffentlichen Plätzen kaum mehr ein Mensch zu hören und zu sehen war. Stille, Einkehr, Ruhe war angesagt.

Das verordnete „Stillehalten" - war es nicht eine großartige Gelegenheit für unsere sonst so ruhelose Welt, zu erfahren, wie heilsam und wohltuend Stille sein kann?

Stille ermöglicht uns Ruhepausen, schenkt uns Momente, in denen wir uns dem gegenwärtigen Augenblich einfach hingeben können. So kann die Aufmerksamkeit wachsen für wesentliche Fragen, die in uns nach Antworten suchen. Wir können unseren bisherigen Lebensstil überdenken. Wir sind eingeladen, unser Innerstes, unseren Herzensraum neu wahrzunehmen. Was werden wir dort wohl entdecken? Gewiss schenkt das Stillewerden uns die Chance auf einen Neubeginn von innen heraus. Einen Neubeginn, der in unserem Herzen seinen Ursprung hat.

So können wir eine Welt mitgestalten, die unseren „Herzensanliegen" entspricht und mehr als bisher im Einklang mit unserem Herzen ist. So könnte eine Welt entstehen, die mehr Verbundenheit, mehr Mitmenschlichkeit, mehr Herzlichkeit ausstrahlt. Eine Welt, in der unsere Wertmaßstäbe neu justiert worden sind. Wir müssten uns wohl gar nicht mühsam auf die Suche nach „neuen Werten" machen, sondern könnten die von jeher für ein gelingendes und glückendes Leben notwendigen Ur-Werte des Lebens wiederentdecken: Liebe, Wertschätzung, Mitgefühl, Verbundenheit, Achtung vor dem Leben und allem Lebendigen, Frieden und Dankbarkeit.

Von dem bekannten christlichen Mystiker Meister Eckhart stammen die Worte: „Mit der Geburt werden uns göttliche Samen ins Herz gelegt, deren einziges Ziel es ist, das zu werden, was in ihnen steckt. Sie heißen Dankbarkeit, Liebe, Weisheit, Wahrheit, Lebendigkeit ... Und sie können nur durch unser Leben aufgehen. Wir brauchen sie nicht zu erlernen, sie sind uns tief ins Herz gelegt."

Um eine Krise nicht nur irgendwie zu überstehen, damit wir danach wie gewohnt weitermachen können, sondern um wirklich tiefer zu verstehen, was in meinem eigenen Leben sich erneuern möchte, ist die Stille, verbunden mit einem Nach-innen-Lauschen, der Königsweg. Da bekommen wir die großartige Möglichkeit, uns den tieferen Fragen des Lebens zu stellen und zu lauschen, was ganz von innen heraus an Antworten zu vernehmen ist.

Bleib gesund!

Vielleicht haben auch Sie in den zurückliegenden Zeiten anstelle eines „Tschüss" oder „Ciao" den Wunsch zu hören bekommen: „Bleib gesund!"

Gesund sein – was für ein kostbares Gut! Wenn unsere körperliche oder auch psychische Gesundheit bedroht ist, wird es uns umso stärker bewusst. In Bedrohungssituationen laufen wir Gefahr, ängstlich, womöglich sogar panisch zu reagieren. Auch die Furcht kann gefährlich werden, wie eine chinesische Weisheitsgeschichte anschaulich schildert:

Einst ging der Gott der Seuchen an einem Feld vorüber; ein Bauer fragte ihn, was er vorhabe. Er sei auf dem Weg in die nahe Stadt, um sich tausend Menschenleben zu holen, lautete die Antwort. Als nach ein paar Tagen der Gott der Seuchen wieder am Feld des Bauern vorbeikam und die Kunde von zehntausend Verstorbenen die Runde gemacht hatte, sprach der Bauer zu ihm: „Du hattest von tausend Menschenleben gesprochen und jetzt sind es zehntausend geworden. Wie kann das sein?". Darauf antwortete der Gott der Seuchen: „Ich habe nur tausend geholt, die andern neuntausend sind aus Angst gestorben."

Wenn wir uns bedroht fühlen, etwa während der Pandemie, ist auch unsere psychische Gesundheit gefährdet; Schlafstörungen, ängstliche und depressive Symptome nehmen zu. Da ist etwas nicht in Ordnung. Gesundheit in einem weiten Sinne hat immer mit Heilsein, mit Ganzheit zu tun.

Innehalten

- *Was hilft Ihnen in Zeiten der Bedrohung, sich ganz, heil, gehalten, getragen zu wissen?*

- *Welche seelische Einstellung, welche innere Haltung hilft Ihnen, sich „von innen her" so zu erleben?*

Gesundheit hat auch einen sozialen Aspekt: Wie steht es um unsere zwischenmenschlichen Beziehungen? In Zeiten von Kontakt- oder Ausgangsbeschränkungen sind sie einer großen Belastungsprobe ausgesetzt; es kommt, wie wir gesehen haben, vermehrt zu egoistischen Verhaltensweisen und zu häuslicher Gewalt. Andererseits kann eine neue Solidarität aufkommen, beispielsweise in Form von Nachbarschaftsinitiativen für Bedürftige.

Gerade in Krisenzeiten, welcher Art auch immer, spüren wir, wie sehr es zum Gesundsein dazugehört, dass wir uns zwischenmenschlich verbunden und sozial aufgehoben wissen.

Und immer wieder die Frage: Was ist wesentlich?

Die Dynamik und das Ausmaß der Coronakrise haben uns eindringlich vor Augen geführt: Wir haben vieles nicht im Griff. Dinge, die als sicher und gewiss galten, waren schlagartig infrage gestellt. Eine bisher als beherrschbar und verlässlich geglaubte Welt war plötzlich wie aus den Fugen geraten. Wir mussten erkennen: Wir sind Teil der Natur und nicht die Herrscher über die Natur. Jedem Einzelnen und uns als Gesellschaft stellten sich Fragen wie: Was ist wirklich lebens-not-wendig? Was sind wirkliche Über-Lebens-Mittel? Was ist eigentlich verzichtbarer Luxus? Es mussten Entscheidungen getroffen werden, welche Geschäfte noch geöffnet sein durften bzw. mussten. Welche Berufe und Aufgaben sind „systemrelevant", welche nicht?

Menschen, die über Wochen oder Monate hinaus ihr Leben mittels eines Terminkalenders durchgetaktet hatten, konnten all ihre Planungen buchstäblich vergessen. Öffentliche Veranstaltungen: abgesagt. Berufliche Meetings: abgesagt. Urlaubsreisen: abgesagt. Schule: abgesagt. Kindergarten: abgesagt. Hatten sich zuvor viele in ihrem hektischen Alltag nach einer kleinen Auszeit, einem Boxenstopp gesehnt, so empfanden nicht wenige Menschen nun plötzlich eine gähnende Leere; es war kein kurzer Boxenstopp, sondern es schien gleich das ganze Rennen abgesagt zu sein. Und niemand weiß, ob bzw. wie oft und für wie lange Ähnliches noch auf uns zukommt.

In der Zeit der vielen „Absagen" erreichte mich eine wohltuende „Zusage", ein kurzer Text mit der Überschrift „Nicht alles ist abgesagt …", dessen Autor nicht genannt war:

Sonne ist nicht abgesagt, Frühling ist nicht abgesagt, Beziehungen sind nicht abgesagt, Liebe ist nicht abgesagt, Lesen ist nicht abgesagt, Zuwendung ist nicht abgesagt, Musik ist nicht abgesagt, Fantasie ist nicht abgesagt, Freundlichkeit ist nicht abgesagt, Gespräche sind nicht abgesagt, Hoffnung ist nicht abgesagt, Beten ist nicht abgesagt …

Bedenkenswerte Zeilen! Was ist eigentlich wesentlich und was nicht? Durch Begrenzungen und (auch einen erzwungenen!) Konsumverzicht sortiert sich so manches in unserem Leben neu. Wir bekommen – wenn auch unfreiwillig – Gelegenheit, über alte Gewohnheiten nachzudenken. Es dürfte sich lohnen, uns hin und wieder Beobachtungen und Erkenntnisse aus solchen Zeiten „zurückzuholen" …

Innehalten

- *Erinnern Sie sich: Was haben Sie in der Zeit der Ausgangsbeschränkungen schmerzlich vermisst?*
- *Was war vielleicht auch eine Erleichterung? Womit war bzw. ist Ihr Leben womöglich überfrachtet? Konnten oder können Sie etwas getrost lassen und somit Ihr Leben entrümpeln?*
- *Was bindet oder band Ihre Lebensenergie zu stark? Gab oder gibt es Dinge, die Sie vom Wesentlichen Ihres Lebens nur abhalten?*

An dieser Stelle möchte ich Ihnen eine kleine Übung anbieten, die in Zeiten von Verunsicherung besonders wirksam ist: die sogenannte Hier-und-Jetzt-Übung.
Nehmen Sie sich fünf bis zehn Minuten Zeit. Begeben Sie sich an einen Ort, wo Sie für die nächsten Minuten ungestört bleiben.

- *Vergegenwärtigen Sie sich nun, was Sie jetzt in diesem Augenblick sinnlich wahrnehmen können. Formulieren Sie daraus jeweils einen Satz, der mit der Formulierung „Im Hier und Jetzt …" beginnt, zum Beispiel:*
„Im Hier und Jetzt sehe ich einen Tisch aus Buchenholz."
„Im Hier und Jetzt höre ich das Geräusch eines vorbeifahrenden Autos."
„Im Hier und Jetzt fühle ich ein Kribbeln am rechten Daumen."
- *Üben Sie sich darin, Ihre ganze Aufmerksamkeit auf das zu richten, was im Hier und Jetzt w i r k l i c h ist, was real für Sie wahrnehmbar ist, was mit Ihren Sinnen erlebbar ist.*
- *Sollten Sie in Gedanken abschweifen, kommen Sie immer wieder zu der Formulierung „Im Hier und Jetzt …" zurück.*

Spüren Sie nach: Was verändert sich in Ihnen, wenn Sie sich für eine Weile ausschließlich auf Ihre sinnliche Wahrnehmung des Hier und Jetzt fokussieren?

Zeit-Gewinn

Viele Menschen hatten durch die Einschränkungen der Coronakrise plötzlich wieder mehr Zeit. Etwa für ein Telefonat statt einer kurzen Message auf dem Smartphone. Und wenn man irgendwo anrief, erreichte man öfter einen Gesprächspartner und nicht nur den Anrufbeantworter. Manche fanden die Zeit, wieder einmal miteinander zu spielen oder ein Buch zu lesen. Und manchmal kam das durchaus wertvolle Gefühl von Lange-Weile wieder auf: eine Zeit, in der ganz nebenbei kreative Ideen entstehen können.

In jeder Krise, zumal in einer kollektiven, ändert sich unser Zeit-Empfinden.

Wenn so mancher „Zeit-Vertreib" nicht mehr möglich ist, verspüren wir zunächst vielleicht einen inneren Widerstand, doch die ungeplante Entschleunigung kann für den einen oder die andere eine durchaus wohltuende Erfahrung sein.

Wer sein alltägliches, von Routinen durchsetztes Leben als Dahinplätschern empfunden hat, vergleichbar dem seichten Dahinfließen eines Bachlaufs, der hat nun womöglich den Eindruck, in ein rauschendes Wildgewässer geraten zu sein. Allein die Neuartigkeit dessen, was da gerade geschieht, führt zu einer Verdichtung, einer Intensivierung der Wahrnehmung; Zeit bekommt in einer Krise eine neue Dimension. Das ist ein wenig zu vertiefen.

Haben wir vorher die Zeit geplant, gemessen und eher linear wahrgenommen (als eine sich von der Vergangenheit über die Gegenwart in die Zukunft hinein gleichmäßig ereignende Chronologie), so kommt jetzt etwas anderes hinzu: eine eigentümliche Tiefen-Dimension. Die Zeit scheint nicht nur nach vorne, sondern auch nach unten zu wachsen. In der Krise berühren uns die Dinge des alltäglichen Lebens ganz anders, sie kommen näher an uns heran, sind bedeutsamer, unmittelbarer. Unsere Wahrnehmung ist intensiver - und damit auch die Zeit: Unser Leben hat plötzlich eine neue Erlebnisdichte. Unsere seelische Tiefe ist anders als im vertrauten Alltagsbewusstsein. Hieß vorher die Devise „Schneller, höher, weiter!", so ahnen wir, dass es jetzt um ein „Langsamer, tiefer, näher!" geht.

So will uns eine Krise, die uns zum Innehalten zwingt, nicht bloß entschleunigen, sondern „vertiefen". Die krisenbedingte Tiefendimension der Zeit bildet sich auf keiner äußeren Uhr ab, kann aber in unserem Inneren einen nachhaltigen Eindruck hinterlassen.

Wenn Pläne unsicher werden, sind wir gezwungen, mehr im gegenwärtigen Augenblick zu leben. Wir springen nicht schnell von diesem zu jenem, sondern schauen genauer hin, wie es das Wort „Augenblick", wörtlich verstanden, nahelegt: mit unseren beiden Augen jemanden oder etwas in den Blick nehmen, ihm einen Blick zukommen lassen. Ein altes Sprichwort besagt, dass die Augen die Fenster der Seele seien. Nehmen wir uns wahrhaft Zeit, um aus den

Fenstern unserer Seele heraus zu schauen, so kann sich dadurch bereits in einem einzigen Augen-Blick Begegnung und tiefe Verbundenheit ereignen.

Dankbarkeit ausdrücken

Immer wenn ich mitten im Alltag innehalte und gewahr werde, wie viel mir geschenkt ist, werden die zahllosen Selbstverständlichkeiten zu einer Quelle des Glücks.
(Gustave Flaubert)

Es ist der Blick der Dankbarkeit, der dazu führt, dass wir selbst Kleinigkeiten und vermeintliche Selbstverständlichkeiten des Lebens als eine Quelle von Glück erfahren können.

Menschen, die Dankbarkeit empfinden können, sind glücklichere Menschen. Blicken wir am Abend mit der Brille der Dankbarkeit auf unseren Tag zurück, so erstrahlt dieser Tag in einem anderen Glanz. Auch wenn es an sich kein einfacher, kein guter Tag war, so können wir doch auch in diesem Tag etwas Gutes entdecken. Die Dankbarkeit lässt uns achtsamer, bewusster werden. Sie führt, ohne dass wir es beabsichtigt hätten, zu mehr Wohlbefinden; wir verspüren mehr Freude in unserem Leben.

Eine dankbare Haltung dem Leben gegenüber einzunehmen wirkt wie ein Magnet: Wir ziehen das Allerbeste an! Wir vermögen in dem, was uns geschenkt ist, das Allerbeste zu erkennen. Wir werden offen für das Schöne des Lebens – auch in schwierigen, herausfordernden Zeiten. Wir sind *open minded*: Wir öffnen unseren Geist, und unser Bewusstsein wird weit.

Machen wir uns auf den Weg der Dankbarkeit, so werden wir am Wegesrand immer etwas finden, wofür wir Dankbarkeit empfinden können. Es ist dann gar nicht mehr so wichtig, ob wir ein bestimmtes Ziel tatsächlich erreichen, denn *der Weg* dorthin wird schön; jedenfalls bietet er uns in allem, was schwierig, auch sehr schwierig sein mag, doch auch immer allerlei Schönes, und seien es vermeintliche Kleinigkeiten.

Mithilfe der Dankbarkeit können wir unsere eigenen Vorratskammern des Lebens immer wieder neu befüllen. So werden wir im Dankbarkeitsspeicher immer etwas finden können, nie wird er leer sein. Selbst wenn wir uns im Hier und Jetzt nicht leicht tun, Dankbarkeit zu empfinden, so können wir uns all der Dinge erinnern, die wir in unserem Leben schon geschenkt bekommen haben: unsere Lebenszeit, Menschen auf unserem Weg, unseren (trotz seiner Grenzen und möglicher Makel) wunderbaren Körper, die Fülle der natürlichen Umwelt um uns herum, zu der wir jederzeit kostenlos Zutritt haben, wenn wir uns denn auf den Weg nach draußen machen. Wir können uns erinnern, was wir im Laufe des Lebens von anderen Menschen an Zuwendung, an Unterstützung, an Mitmenschlichkeit geschenkt bekommen haben. Wir können uns der Momente erinnern, in denen wir glücklich waren und gefühlt haben, dass uns das Leben freundlich entgegengekommen ist.

Indem wir das Gute des Lebens nicht krampfhaft festhalten, sondern bereit sind, davon weiterzugeben, schaffen wir Platz, damit etwas zu uns zurückfließen kann. Je großzügiger wir selbst bereit sind zu geben, desto reicher werden wir selbst beschenkt. Welch eine Freude, sich in einem Kreislauf von Geben und Nehmen, von Schenken und Empfangen eingebunden zu wissen! Erinnern Sie sich doch eines Momentes, in dem Sie einem anderen Menschen eine große Freude bereiten konnten und das Leuchten im Gesicht dieses Menschen, seine strahlenden Augen Ihnen selbst wiederum großes Glück bereitet haben. Und sollten wir dennoch einmal den Eindruck haben, dass es gerade gar nichts Gutes in unserem Leben gibt und wir somit auch keinen Grund zum Danken hätten, so mag die folgende Geschichte (frei nach D. Wolf/R. Merkle) weiterhelfen:

Ein Reicher sieht einen Bettler, der in einer Mülltonne wühlt, und denkt bei sich: Gott sei Dank hab ich das nicht nötig! Der Bettler sieht einen Rollstuhlfahrer und denkt bei sich: Gott sei Dank kann ich laufen! Der Rollstuhlfahrer sieht einen Krankenwagen vorbeirasen und denkt bei sich: Gott sei Dank geht's mir recht gut! Als der Bettnachbar des Patienten im Krankenhaus stirbt, denkt dieser bei sich: Gott sei Dank bin ich noch am Leben!

Einen Grund zur Dankbarkeit gibt es immer! Dankbarkeit zu empfinden ist die eine Seite der Glücksmedaille, Dankbarkeit auszudrücken die andere. Wie wichtig und wie wohltuend ist es doch, Dankbarkeit zum Ausdruck zu bringen! Gerade in Krisen- und Notzeiten ist es ein kostbares Gut sondergleichen. Es ist ja keineswegs selbstverständlich, dass den „Helden des Alltags", die oft still und unbemerkt für uns, für andere Menschen da sind, die gebührende Wertschätzung und Dankbarkeit entgegengebracht werden.

Die Herausforderung

Kollektive Krisen stellen uns als Gesellschaft, ja als Menschheit vor große Herausforderungen. Die Pandemie hat gezeigt, dass in kürzester Zeit radikale Veränderungen möglich sind. Andererseits führen uns die zähen und unbefriedigenden Diskussionen über die Klimakrise vor Augen, wie wenig sich bewegt, wenn wir uns auf keine klaren Lösungsschritte verständigen können. Wir stehen vor der großen Herausforderung, die „Macht unseres kollektiven Willens", wie es Charles Eisenstein in seinem Essay „Die Krönung" betitelte, zu nutzen, um gemeinsame Antworten auf die großen Fragen unserer Zeit zu finden. Wie soll die Welt aussehen, in der wir zukünftig leben wollen? Was können wir alles erreichen, wenn wir gemeinschaftlich handeln? Eisenstein vergleicht die Coronakrise mit einem Aufenthalt in einer Entzugsklinik. Der Suchtkranke wird aus seiner bisherigen Alltagsroutine herausgenommen, sodass die bisherigen Gewohnheiten unterbrochen werden. So werden sie deutlicher und dadurch auch behandelbar.

Die Frage nach einem guten und gesunden Leben ohne selbstzerstörerisches Verhalten steht im Mittelpunkt. Welche Lernerfahrung kann der Suchtkranke mitnehmen? Was macht für ihn ein lebenswertes Leben aus? Wo beginnt selbstzerstörerisches Verhalten? Wofür lohnt es sich, aus dem Suchtverhalten herauskommen zu wollen? Die Beantwortung dieser Fragen ist zentral für ihn.

Als Menschheitsfamilie sind wir vor ähnliche Überlebensfragen gestellt. Eine Krise kann innehalten lassen und die Gelegenheit bieten, bewusst zu entscheiden, welchen Weg in die Zukunft wir als Menschheit gehen wollen. Krisen ermöglichen ein Aufblühen von Solidarität. Krisen erinnern uns an unsere Fähigkeit zu Mitmenschlichkeit, Mitgefühl und gegenseitiger Wertschätzung. Wir können lernen, aufeinander in guter Weise achtzugeben. Wir können uns neu bewusst werden, wie wertvoll doch das gemeinschaftliche Leben ist. Krisen sind eine große Chance und eine tief gehende Anfrage: an uns persönlich wie als Gesellschaft, ja als Weltgemeinschaft, an unsere Lebensstile, unser Konsumverhalten, an die Verantwortlichen in Wirtschaft und Politik, an Rahmenbedingungen, an die ganz persönliche wie an die kollektive Bereitschaft zur Veränderung. Wir können viel verlieren. Und viel gewinnen, wenn wir die Herausforderung der Krisen wahrnehmen und ergreifen. Im Großen wie im Kleinen.

III
Was wir in Zeiten der Verunsicherung brauchen

Selbstfürsorge

In herausfordernden Zeiten ist es besonders wichtig, uns selbst nicht zu vernachlässigen, sondern uns selbst zu behandeln wie jemanden, der uns wirklich wichtig ist. Wir selbst sind der Mensch, dessen Wohlergehen uns zuallererst am Herzen liegen sollte. Einem, der uns am Herzen liegt, schenken wir Zeit, Aufmerksamkeit und unsere Fürsorge.

Zuallererst gilt es, die Prioritäten in unserem alltäglichen Leben richtig zu setzen. Vor allem sollten wir wissen, was uns jetzt gerade wichtig ist; was uns Kraft gibt und uns auf eine gute Weise in unserem bedrohten Wohlbefinden stärken kann.

Nicht zuletzt geht es darum, dem Zeit und Raum zu geben, was uns auf eine sehr basale Weise nährt und gut tut und somit in unserem Energiehaushalt auf der Habenseite zu verbuchen ist. Das sind die tragenden Säulen unseres Wohlbefindens.

Dazu gehört an erster Stelle, für **ausreichend Schlaf** zu sorgen. Ein erholsamer Schlaf ist die allerwichtigste Energietankstelle unseres Lebens. Und diese großartige Energiequelle kostet uns keinen einzigen Cent! Rein ökonomisch betrachtet ist die Regenerationskraft unseres Schlafes in puncto Kosten-Nutzen-Relation die unschlagbare Nummer Eins. Doch diese Energietankstelle droht verloren zu gehen, wenn wir nicht sehr behutsam damit umgehen.

Innehalten

Ich lade Sie ein, sich an dieser Stelle folgende Fragen selbst zu beantworten:

- *Was bedroht gerade meinen Schlaf?*
- *Was hilft mir, besser zur Ruhe zu kommen?*
- *Wie gestalte ich meinen Abend, also den Übergang von der Tagaktivität hin zur nächtlichen Ruhe? Welcher abendliche Konsum (Essen, Trinken, Medien) erschwert womöglich mein Einschlafen?*
- *Wie schaut mein Schlafplatz aus? Sind in meinem Schlafzimmer Dinge, die dort nicht hingehören? Wie will ich mein Schlafzimmer gestalten? Und auf welche Weise kann ich diesen Ort meiner nächtlichen Ruhe schützen?*
- *Brauche ich womöglich ärztliche, therapeutische Unterstützung, um wieder zu mehr Ruhe zu finden?*

Genügend Bewegung – möglichst an der frischen Luft – ist ein ebenfalls kostenloser Energiespender. Kürzere oder längere Spaziergänge, Joggen, Radfahren …, all das, was wir regelmäßig tun können, ohne uns dabei unter Leistungsdruck zu stellen, ist für unser körperliches wie für unser seelisches Wohlbefinden gleichermaßen nützlich.

Als soziale Wesen ist es für unsere Balance nicht minder wichtig, dafür zu sorgen, dass wir **den Menschen ausreichend Zeit schenken**, mit denen wir zusammenleben bzw. die uns am Herzen liegen. Einfach füreinander da sein, sich austauschen, einander kleine Freuden bereiten, um so die Beziehungen zu pflegen, die uns selbst wiederum nähren und unterstützen, ist ein wesentlicher Quell unseres Lebens – gerade in äußerlich bedrohten Zeiten.

Wichtig ist aber auch, sich ausreichend **Zeit für sich selbst** und das eigene Innenleben zu gönnen: für eine Zeit der Stille, eine Meditation, ein gutes Buch. Gerade dieser Aspekt droht in unruhigen Zeiten leicht zu kurz zu kommen. Daher kann eine täglich fest verankerte Zeit der Ruhe, der wirklichen Muße – sei es auch nur für zehn Minuten – hilfreich sein, um sich nicht im täglichen „Business" zu verlieren. Denken Sie immer daran: Ausruhen ist keine Form von Zeitverschwendung – ganz im Gegenteil.

Eine ebenso basale Form, unseren Energiehaushalt zu pflegen, ist die Energieaufnahme über **das Essen**. In krisenhaften Zeiten laufen wir leicht Gefahr, uns in puncto Essen „gehen zu lassen". Manche neigen dazu, sich vor lauter Stress gar keine Zeit mehr zum bewussten Essen zu nehmen. Andere wiederum tendieren zum „Überessen", um ihren instabilen Gemütszustand zu kompensieren. Nach dem Motto: Fühle ich mich angespannt, unwohl oder nervös, greife ich halt nebenbei mal zu einer Tafel Schokolade.

Eine klar definierte Essstruktur (zum Beispiel mit drei Mahlzeiten am Tag) und eine Art Selbstverpflichtung zu einer gesunden Esskultur (nur im Sitzen und nicht nebenbei essen, mindestens eine warme Mahlzeit am Tag zu sich nehmen, so oft wie möglich das eigene Essen frisch zubereiten) können uns davor schützen, nicht noch zusätzliche Probleme, etwa durch Übergewicht, zu bekommen.

Immer wieder lohnt es sich, wahrzunehmen, ob eine bestimmte Tätigkeit uns auf eine gute Weise Energie zuführt oder mehr Energie kostet. Da die krisenhafte Situation per se schon eine Art „Energiefresser" darstellt, ist es umso wichtiger, darauf zu achten, was den eigenen Energiehaushalt unterstützt und was ihn eher zusätzlich gefährdet. Ganz besonders hilfreich kann es sein, gut auf **Inhalt und Umfang des eigenen Medienkonsums** zu achten. Insbesondere internetbasierter Medienkonsum kann leicht ausufern und sich letztlich als großer Energiefresser herausstellen.

Wenn Sie für sich selbst wissen wollen, ob Ihnen Art und Umfang Ihres aktuellen Medienkonsums eher gut tut oder nicht, nehmen Sie sich folgenden Satz zu Herzen: Das „Danach" ist der Lehrer!

Innehalten

Wenn Sie eine Zeitlang im Internet unterwegs waren, nehmen Sie sich einen Moment Zeit:

- *Wie geht es Ihnen, nachdem Sie sich dies oder jenes angesehen, angehört haben? Geht es Ihnen danach besser als zuvor?*
- *Welche Wirkung hatte der Inhalt dessen, womit Sie sich gerade beschäftigt haben, auf Sie? War der zeitliche Umfang passend oder war er zu lange?*

Manchmal ist es schwierig, eine gute Balance zu finden: Einerseits wollen wir informiert sein, andererseits kann eine übergroße Flut an Meldungen zu einer Belastung werden. Indem Sie regelmäßig unmittelbar nach einer Phase des Medienkonsums diesen im Hinblick auf Ihr aktuelles Wohlbefinden reflektieren, bekommen Sie ein besseres Gespür dafür, was davon gut für Sie ist und was nicht.

Wenn äußerlich die Dinge unsicher wirken oder sind, kann **eine klare Tagesstruktur** uns innere Sicherheit vermitteln. Struktur schützt. Strukturlosigkeit hingegen kann uns schnell aufs Gemüt schlagen und ein Gefühl der Sinnlosigkeit in uns hervorrufen. Gerade Menschen, die in Rente gehen, wissen, wie wichtig eine schützende Strukturierung des Alltags ist. Es mag für ein paar Tage ganz nett sein, wenn es egal ist, ob ich erst gegen Mittag aufstehe oder nicht; ob ich tagsüber noch im Schlafanzug durchs Haus laufe oder nicht … Aber auf Dauer ist ein Leben ohne Struktur ein schleichendes Gift für unsere Seele.

Eine gute Tagesstruktur schützt uns davor, uns zu verlieren, unsere Zeit zu verplempern und dadurch mehr und mehr unzufrieden zu werden.

Fällt eine äußere Taktgebung durch eine regelmäßige Arbeit weg, so kann ich mir selbst einen guten Takt geben, indem ich jeden Tag zu einer bestimmten Uhrzeit aufstehe, um so in meinen Tagesrhythmus zu finden. Auch eine feste Zeit des Zubettgehens kann unterstützend wirken und mir helfen, gut in die Nacht zu kommen. Auch gleichbleibende abendliche Rituale tragen zu einem guten Schlaf-Wach-Rhythmus bei. Körperliche, seelische und geistige Gesundheit hat viel mit der Abstimmung von Rhythmen zu tun. In einer strukturlos gewordenen Zeit kann daher das bewusste Pflegen von Ritualen, Halt gebenden Routinen und einer guten Tagesstruktur viel Sicherheit vermitteln. Wie ein wohlklingendes Musikstück von einem stimmigen Rhythmus getragen wird, so bringen auch wir durch einen passenden Rhythmus einen Wohlklang in unseren Tag. Ein stimmiger Rhythmus ist eine gute Stütze für unser alltägliches Leben.

Innehalten

Nehmen Sie sich ein DIN-A-4-Blatt und legen Sie es quer vor sich auf den Tisch. Zeichen Sie nun links und rechts je einen etwa gleich großen Kreis.
Schreiben Sie über den linken Kreis: „Was mir derzeit Energie gibt" und über den rechten Kreis: „Was mich derzeit Energie kostet".

Anschließend überlegen Sie sich, welche Bereiche Ihres Lebens in welchem Ausmaß für Sie Energielieferanten sind.
Teilen Sie dann den linken Kreis in Segmente ein, so als ob Sie einen Kuchen von oben betrachten würden und unterschiedlich große Kuchenstücke ausschneiden würden. Schreiben Sie Ihren wichtigsten Energielieferanten in Ihr größtes Kuchenstück, den zweitwichtigsten in das nächstkleinere Stück usw.

Wenn Sie die Segmente des linken Kreises allesamt beschriftet haben, wenden Sie sich dem rechten Kreis zu. Welcher Bereich Ihres Lebens ist Ihr größter Energieverbraucher? Schreiben Sie den dazugehörigen Begriff in das größte Segment des rechten Kreises und fahren Sie analog zum ersten Kreis damit fort, bis alle Segmente beschriftet sind.

Legen Sie nun den Stift weg und betrachten Ihre beiden „Kuchen" von oben.

Was fällt Ihnen dabei auf? Ist irgendetwas nicht stimmig? Haben Sie z. B. den Eindruck, dass ein Bereich Ihres Lebens Ihnen eigentlich gar nicht so viel bedeutet, aber eine Unmenge Ihrer Energie verbraucht? Wie wäre denn Ihr Idealbild? Wofür möchten Sie wirklich Ihre Energie einsetzen?
Was für eine Idee kommt Ihnen, wie Sie Ihre „Kuchenstücke" auf stimmigere Weise einteilen könnten?

Zugang zur eigenen Intuition

In Krisenzeiten sind wir mit allerlei Befürchtungen, Verunsicherungen, eigenen Ambivalenzen und Verwirrungen konfrontiert. Wie damit umgehen? Wie ein eigenes gutes Krisenmanagement finden?

In Krisenzeiten wie der Coronakrise heißt es oft, dass „man auf Sicht fahren müsse", um die jeweils geeigneten Maßnahmen zu treffen. Auch in persönlichen Krisen, die sich oft über lange Zeiten hinstrecken, braucht es eine Herangehensweise, die es ermöglicht, immer wieder zur rechten Zeit die rechte Entscheidung zu treffen. Wie kann das gelingen? In der Politik wird in solchen Zeiten eine Art *inner circle* berufen, der als kompetente Instanz regelmäßig befragt wird, um die nächsten Maßnahmen abzustimmen. Was für die Bewältigung großer gesellschaftlicher Krisen gilt, kann auch auf individueller Ebene als Modell dienen. Auch wir brauchen in uns so etwas wie einen *inner circle,* der immer wieder befragt werden kann, was denn der stimmige nächste Schritt sei. Diesen „inner circle“ stellt neurophysiologisch die Verbindung zwischen unserem Gehirn und unserem Bauch dar. Nach dem Gehirn ist unser Magen-Darm-Trakt ja der Bereich unseres Körpers, wo sich die meisten Nervenverbindungen finden lassen. Unser „Bauchhirn“ steht in engem Austausch mit den Gehirnregionen, die in unserem Kopf für die Verarbeitung von Gefühlen zuständig sind. Über unser Bauchgefühl (auch Intuition genannt) können wir so tatsächlich erspüren, was gerade stimmig ist oder eben nicht. Dieses intuitive Wissen kann uns als seelischer Ratgeber recht präzise durch krisenbelastete Zeiten führen: Wir können unserem *inner circle,* unserer Fähigkeit zur Intuition, vertrauen.

Das Wort „Intuition“ leitet sich übrigens vom lateinischen Verb „intueri“ ab, was so viel bedeutet wie anschauen, genau hinschauen.

Vergessen wir nicht, dass unsere Intuition, unser innerer Seelenraum, unser wichtigster Ratgeber ist! Folgen wir unserer Intuition, folgen wir unserer inneren Seelenstimme!

Wir alle haben die Fähigkeit zur Intuition. Wie jede andere Fähigkeit auch, können wir diese stärken, indem wir uns darin üben. Mit der nachfolgenden Übung möchte ich Sie einladen, Ihre Fähigkeit zum intuitiven Erfassen zu trainieren. Je öfter, je regelmäßiger Sie diese Übung anwenden, desto leichter und zuverlässiger mag es Ihnen gelingen, Ihre eigene Intuition für sich zu nützen. Sie können Ihre Intuition umso besser wahrnehmen, je entspannter Sie gerade sind. Daher ist es für die folgende Übung besonders hilfreich, wenn Sie sich zuvor genug Zeit und Raum für eine Phase der Entspannung gönnen.

Innehalten

Nach innen schauen

Nachdem Sie sich eine zumindest kurze Zeit der Entspannung gegönnt haben, lade ich Sie ein, sich an einem ungestörten Ort niederzulassen. Sie können entweder sitzend oder liegend diese Übung für sich ausprobieren. Prüfen Sie, welche Körperposition dabei für Sie besonders hilfreich ist.
Nachdem Sie es sich auf Ihrem Platz bequem gemacht haben, schließen Sie bitte Ihre Augen.
Stellen Sie sich vor, dass jeder Atemzug, den Sie nun zu sich nehmen, Sie mehr nach innen führen möchte.
Stellen Sie sich nun vor, dass Sie über eine Art „inneres Auge" verfügen, mit dem Sie sich bei äußerlich geschlossenen Augen innerlich ein Bild oder eine Szene vorstellen können.
Stellen Sie sich die Frage, was jetzt der nächste stimmige Schritt in Ihrem Leben ist:

- *Was ist jetzt dran? Was haben Sie jetzt zu tun?*

Lassen Sie sich genug Zeit, um vor Ihrem geistigen Auge ein Antwort-Bild auftauchen zu lassen:

- *Wie fühlt es sich an? Ist es stimmig? Ist da ein: „Ja, so könnte es gehen!", „Ja, so fühlt es sich gut an!"?*

Nehmen Sie sich noch ein wenig Zeit, bei diesem Bild zu verweilen. Prüfen Sie, ob Sie jetzt einen Entschluss fassen wollen, gemäß diesem Ihrem inneren Bild zu handeln.
Sind Sie bereit, auf Sicht zu fahren? Ihre Innen-Sicht zeigt Ihnen, wo's lang geht!

Selbstregulation

Unter dem Begriff „Selbstregulation" versteht man ganz allgemein die Fähigkeit eines Menschen, seine Aufmerksamkeit, seine Gefühle, seine Impulse und Handlungen so zu steuern, dass er ein sich selbst gesetztes Ziel erreichen kann.

Dies kann bewusst oder auch unbewusst geschehen. So wenden wir von klein auf in Momenten der Unsicherheit unbewusst Techniken zur Selbstregulation an, indem wir etwa als Baby an einem Schnuller nuckeln oder uns als Kleinkind bei Aufregung selbst ein Lied vorsingen oder uns durch eine Schaukelbewegung bei Anspannung körperlich ausbalancieren.

Gerade in Zeiten von innerlichem Stress, emotionaler Anspannung und Momenten der Verunsicherung ist es für uns als Erwachsene wichtig, unsere Kompetenz zur Selbstregulation zu nutzen und sie dadurch auch mehr und mehr zu stärken.

Der erste Schritt zu einer guten Selbstregulation ist die Selbstanalyse. Jeder Mensch hat unterschiedliche Triggerpunkte, die ihn verunsichern können. Was für den einen Menschen völlig unproblematisch ist, kann für einen anderen subjektiv höchst alarmierend sein. Es ist sehr hilfreich, seine je eigenen Triggerpunkte und die je eigenen Reaktionsweisen in Momenten der Verunsicherung zu kennen.

Innehalten

Ich lade Sie ein, sich zunächst folgende Fragen zu stellen:

- *In welchen Situationen regieren Sie allzu leicht mit innerer Verunsicherung?*
- *Welche Verhaltensweisen sind für Sie charakteristisch, wenn Sie sich unsicher fühlen?*

Nehmen Sie sich bitte ein Blatt Papier und schreiben Sie sich die beiden Fragen und Ihre Antworten auf. Betrachten Sie in Ruhe, was Sie da niedergeschrieben haben. Was fällt Ihnen dabei auf? Gibt es eine Erkenntnis, die Sie daraus gewonnen haben?
Versuchen Sie, sich selbst in einer freundlichen, wohlwollenden Weise ein wenig besser kennenlernen zu wollen, ohne sich dabei zu bewerten oder zu verurteilen.

Jeder von uns hat nicht nur unterschiedliche Auslöser, die ihn übermäßig verunsichern können, sondern wir haben auch subjektiv sehr unterschiedliche Verhaltensweisen, wie wir uns in Momenten der Verunsicherung benehmen. Während etwa die einen sich in einem Zustand der Verunsicherung übermäßig aus Sozialkontakten zurückziehen, suchen andere auf recht nachdrückliche Weise die Nähe anderer Menschen. Während die einen aus Unsicherheit ganz still und wortkarg werden, fangen andere an, ganz viel zu reden. Wir können in solchen Situationen zum übermäßigen Verzehr von Süßigkeiten neigen oder das Gefühl haben, dass es uns den Appetit verschlägt. Zu welchen körperlichen (bio-logischen), geistig-emotionalen (psycho-logischen) oder zwischenmenschlichen (sozio-logischen) Reaktionsweisen wir auch immer tendieren, sie sind von unserer persönlichen Biografie her quasi „logisch" zu verstehen: Wir werden ähnliche Reaktionen zumindest ansatzweise wiederfinden. Schon in unserer Kindheit haben sie irgendwie zu unserer vorübergehenden Entlastung beigetragen. Als Erwachsene haben wir nun die Chance, bewusst unsere Signale der Verunsicherung wahrzunehmen, sie zu verstehen und darauf auf sinnvolle Weise zu antworten.

Durch die Beobachtung unserer eigenen typischen Verhaltensweisen können wir überhaupt erst mitbekommen, dass bzw. in welchem Ausmaß wir uns in einer inneren Verunsicherung befinden. Erst dann können wir eine Entscheidung treffen, wie wir hier und jetzt durch regulierende oder korrigierende Maßnahmen unser inneres Erregungsniveau gegebenenfalls senken können. Folgende Fragen können dabei behilflich sein:

Was brauche ich gerade wirklich? Was hilft mir, mich wieder zuversichtlicher, ruhiger und entspannter fühlen zu können? Wie könnte ich mir auf eine sanfte, freundliche Weise Unterstützung zukommen lassen?

Manchmal sind es ganz einfache Dinge, die uns in Zeiten der Verunsicherung gut tun.

Vielleicht ist es ein „Genuss-Spaziergang" in der Natur: Achten Sie dabei bewusst auf die Schönheit all dessen, was Sie gerade sehen, hören, riechen, schmecken oder erfühlen können.

Vielleicht unterstützt es Sie, sich einfach aufrecht hinzustellen, den Kontakt zum Boden zu spüren, tief zu atmen und mit jedem Atemzug sich selbst eine wohltuende Affirmation zu schenken. Welche ermutigende Botschaft könnten Sie gerade jetzt gebrauchen?

Manche Menschen erleben es als unterstützend, einen Kraftstein in eine Hand zu nehmen. Welches Mineral, welche Form, welche Oberflächenbeschaffenheit fühlt sich für Sie dabei besonders kraftvoll an?

Womöglich kann Ihnen ein Dankbarkeitsritual, in dem Sie sich auf all das Gute Ihres Lebens konzentrieren, helfen, den Strom der sorgenvollen Gedanken leichter werden zu lassen. Oder Sie zünden eine Kerze an und gönnen sich eine meditative Pause.

An dieser Stelle möchte ich Ihnen eine kleine Übung anbieten, die besonders einfach und dennoch sehr wohltuend und unterstützend ist.

Innehalten

Sanfte Berührung

Machen Sie sich bewusst, dass für alle Menschen eine sanfte, freundliche Berührung – sofern sie gewollt ist – eine Einladung ist, sich anzuvertrauen, Unterstützung und Geborgenheit zu empfinden. Schenken Sie sich selbst eine solche Geste der Unterstützung, indem Sie sich selbst auf mitfühlende Art und Weise berühren. Vielleicht wollen Sie dabei ein wenig experimentieren, um herauszufinden, welche Form der Berührung für Sie gerade besonders wohltuend ist.
Vielleicht wollen Sie einfach beide flachen Handinnenseiten auf Ihren Brustkorb legen. Wie fühlt sich das an?
Oder Sie möchten sanft und leicht mit Ihren Fingerkuppen Ihr Gesicht berühren? Wie wohl tut Ihnen diese Geste?
Oder Sie probieren aus, wie es sich anfühlt, wenn Sie wechselseitig mit der einen Hand den Handrücken der jeweils anderen Hand streicheln.
Erspüren Sie, welche Geste, Berührung Ihnen gerade besonders gut tut!

Soziale Unterstützung

Die Erfahrung von Solidarität und sozialer Unterstützung kann gerade in Krisenzeiten überlebensnotwendig sein. Und Krisensituationen regen tatsächlich viele Menschen an, initiativ zu werden, einander ihre Verbundenheit auszudrücken und sich gegenseitig konkret zu unterstützen; denken wir nur an die vielen Nachbarschaftsinititativen vor allem für ältere oder chronisch kranke Menschen.

Ich denke auch an die Entstehung der weltweiten Bewegung der Anonymen Alkoholiker: Es begann mit einem Treffen zweier Alkoholiker namens Bill und Bob, die sich gegenseitig in ihrem Wunsch nach Nüchternheit inspirierten und ermutigten. Über diese Initialzündung der AA-Bewegung berichtete Bill später: „Dieses Gespräch beruhte auf völliger Gegenseitigkeit. Ich wusste, dass ich genauso wie dieser ein Alkoholiker war und dass er mich genauso brauchte, wie ich ihn brauchte.“ Die Botschaft, die daraus erwuchs: Nur du allein kannst es schaffen, aber du musst es nicht alleine schaffen!

Wir können einander auf vielfältige Weise unterstützen. Ja selbst dann, wenn uns jemand „unangenehm kommt“, kann er uns gerade dadurch etwas Wertvolles mit auf unseren Weg geben. Wir müssen es nicht alleine schaffen …

Dank eines Aztekenhäuptlings

Ich danke allen, die mich für meine Träume belächelt haben,
sie haben meine Fantasie beflügelt.
Ich danke allen, die mich in ihr Schema pressen wollten,
sie haben mich den Wert der Freiheit gelehrt.
Ich danke allen, die mich belogen haben,
sie haben mir die Kraft der Wahrheit gezeigt.
Ich danke allen, die nicht an mich geglaubt haben,
sie haben mir den Mut geschenkt, Berge zu versetzen.
Ich danke allen, die mich verlassen haben,
sie haben mir Raum gegeben für Neues.
Ich danke allen, die mich verraten und missbraucht haben,
sie haben mich wachsam werden lassen.
Ich danke allen, die mich verletzt haben,
sie haben mich gelehrt, im Schmerz zu wachsen.
Ich danke allen, die meinen Frieden gestört haben,
sie haben mich stark gemacht, dafür einzutreten.
Ich danke allen, die mich verwirrt haben,
sie haben mir meinen Standpunkt klargemacht.
Vor allem danke ich aber allen,
die mich lieben, so wie ich bin,
denn sie gaben mir Kraft zum Leben.

Bereitschaft und Akzeptanz

> *Verdammt schön*
> *Das Leben ist so: Du wirst hineingeworfen wie in ein kaltes Wasser, ungefragt, ob Du willst oder nicht. Du kommst lebend nicht mehr heraus. Darüber kannst Du: a) unglücklich sein und ersaufen; b) Dich lustlos und frierend so lange über Wasser halten, bis es vorbei ist; c) einen Sinn suchen und einfordern und Dich grämen, weil er sich nicht zeigt; oder Du kannst d) Dich darin voller Freude tummeln wie ein Fisch und sagen: „Ich wollte sowieso ins Wasser, kaltes Wasser ist meine Leidenschaft. Was für ein verdammt schönes Vergnügen, Leute!"*
>
> (Janosch, *Das Wörterbuch der Lebenskunst*, S. 7)

Die Hauptfrage, die sich bei all den Veränderungsprozessen, den Herausforderungen und Krisen unseres Lebens stellt, ist die Frage nach der inneren Bereitschaft.

Sind Sie bereit? Sind Sie wirklich bereit, mit den Veränderungen Ihres Lebens mitzugehen? Sind Sie bereit, Altes loszulassen und Neues kennenzulernen? Sind Sie bereit, damit aufzuhören, gegen das, was sich gerade in Ihrem Leben zeigen will, anzukämpfen? Sind Sie wirklich bereit, sich einzulassen auf diesen Ihren je eigenen Prozess, so schmerzlich und beängstigend er auch für Sie sein mag?

Genau darum geht es: um unser Einverständnis, unsere Bereitschaft, JA zu sagen. Es braucht unsere

Akzeptanz. Es braucht unsere Bereitwilligkeit, uns hinzugeben, unsere Hingabe-Bereitschaft.

Den Patienten, die ich über viele Jahre in einer psychosomatischen Klinik begleitet habe, habe ich am Anfang Ihrer Klinikzeit genau diese Frage gestellt: „Sind Sie wirklich bereit, sich einzulassen? Sind Sie bereit, anzuerkennen, dass Sie gerade genau an diesem Punkt Ihres Lebens stehen und diese Klinik jetzt für Sie der Ort sein darf, wo Sie Wichtiges erfahren sollen? Sind Sie bereit, sich zu öffnen für den Prozess, der sich jetzt entfalten möchte? Sie brauchen keine therapeutischen Vorerfahrungen, keine besonderen Fähigkeiten, keine speziellen Kenntnisse, um hier in dieser Klinik für sich maximal profitieren zu können. Sie brauchen einzig und allein nur eines - und darum möchte ich Sie bitten: Ihre aufrichtige Bereitschaft. Ich bitte Sie: Seien Sie bereit!"

Die Erfahrung hat mich gelehrt, dass es einerseits Patienten gab, die zwar engagiert an jeder Therapiesitzung teilnahmen, sich aktiv einbrachten, fleißig und gewissenhaft zu keiner Stunde zu spät kamen, gerne auch noch zusätzliche Therapieeinheiten annahmen, um hart an sich zu arbeiten, die aber die Kontrolle nicht wirklich abgeben konnten. Sie meinten, je härter und disziplinierter Sie an sich arbeiten würden, desto besser wäre es. Aber im Grunde hielten Sie fest an Ihren eigenen Vorstellungen, wie etwas geschehen sollte. Sie waren nicht wirklich bereit für das, was sich zeigen wollte. Sie wollten noch immer die Kontrolle behalten, an alten Überzeugungen festhalten und konnten nicht akzeptieren, dass es jetzt um eine neue Qualität ging: um ein Sich-Anvertrauen, Loslassen, Hingeben, ein radikales Akzeptieren. Diese Patienten mühten sich sehr und waren am Ende dann doch enttäuscht, weil sie bei all Ihrer Anstrengung den Eindruck hatten, nur Teilerfolge erzielt zu haben.

Daneben gab es jene Patienten, die von Anfang an signalisierten: Ja, ich bin bereit. Ich bin bereit, loszulassen von alten Vorstellungen. Ich bin bereit, mich auf das einzulassen, was hier ist, was sich mir mitteilen möchte. Ich bin bereit, das zu akzeptieren, was gerade ist und was sich zeigen möchte in meinem Leben. Es war ihnen anzumerken, dass sie bereit waren, voll und ganz zu akzeptieren, was und wie etwas gerade war. Und es waren genau diese Patienten, die am Ende der Therapie überglücklich und voller Dankbarkeit die Klinik wieder verlassen konnten. So viel Wunderbares, ja manchmal geradezu „Magisches" hatten sie erlebt, dass einige bekundeten, sie fühlten sich wie neugeboren.

Bereitschaft ist das genaue Gegenteil zu unseren alten Strategien der Vermeidung und Kontrolle. Bereitschaft ist das Einwilligen, sich berühren zu lassen, sein Herz zu öffnen. Wenn wir bereit sind, unser Herz zu öffnen, können die Dinge, die uns auf dem Herzen liegen, in unser Herz hineinfallen. Dies ermöglicht eine wirkliche Berührung, aus der heraus Verwandlung und Wachstum erwachsen können.

Die Schwester der Bereitschaft ist die Akzeptanz. Mit Akzeptanz ist kein passives Hinnehmen, schon gar nicht ein resignierendes Aufgeben gemeint. Vielmehr ist ein Ja zu dem gemeint, was mir das Leben gerade anbietet. Gelingt es, unangenehme Gefühle, angstvolle Gedanken oder körperliche Missempfindungen anzunehmen, statt dagegen anzukämpfen, bietet das die Möglichkeit einer heilsamen, vielleicht auch befreienden Erfahrung.

An dieser Stelle möchte ich Ihnen kurz die Geschichte des US-amerikanischen Psychiaters Arnold R. Beisser wiedergeben, von dem der Begriff „Paradox der Veränderung“ stammt. Er hat einmal prägnant formuliert:

„Veränderung geschieht, wenn jemand wird,
was er ist,
nicht, wenn er versucht, etwas zu werden,
das er nicht ist.“

Mit 25 Jahren erkrankte er an einer schweren Form der Kinderlähmung; seither war er fast vollständig gelähmt. In seinem Buch „Wozu brauche ich Flügel?“ beschreibt er eindrucksvoll seine Versuche, mit seiner Behinderung zurechtzukommen. Als er das, was er sich nicht ausgesucht hatte, ganz akzeptieren konnte, ermöglichte ihm dies zu seiner eigenen großen Überraschung geradezu ein neues Leben:

„Als ich bereit war, mich mit den Bedingungen zu konfrontieren, die mir unerträglich und undenkbar schienen, veränderten sie sich in ihrer Wirklichkeit. Sie wurden von etwas Schrecklichem zuerst zu etwas nur Annehmbarem und dann zu etwas Interessantem und Erfüllendem. Ich erfuhr, dass es nicht immer nötig ist zu kämpfen, um seinen Platz in der Welt zu finden, denn ich entdeckte den Platz, den ich schon in mir hatte … Ich hörte auf, mir Gedanken darüber zu machen, wie ich aus meiner misslichen Lage herauskommen könnte, und begann stattdessen, mich auf sie einzulassen … Anstatt mich behindert oder unzulänglich zu fühlen, wie ich befürchtet hatte, fühlte ich mich wieder ganz. Ich erlebte ein Wohlbefinden und eine Fülle, die ich zuvor nicht gekannt hatte. Manchmal ist die Fülle, die ich hier und jetzt erlebe, umfassender als jemals zuvor. Es gibt dann keinen Wunsch, kein Defizit, nichts Größeres oder Kleineres, nichts Stärkeres oder Schwächeres. Es gibt nur das, was ist. Und das ist genug."

Wirkliche Akzeptanz bedeutet, den Wert *aller* Erfahrungen anzuerkennen. Gelingt es uns, unseren inneren Widerstand gegenüber den schmerzlichen Ereignissen unseres Lebens aufzugeben, ändert sich zwar nicht die Schmerz auslösende Situation, aber *in uns* geschieht eine tiefe Veränderung. Wir können in uns eine neue Erfahrung machen, die es ermöglicht, den Wert, Sinn und die tiefere Bedeutung dessen zu erkennen, was wir vorher nicht annehmen wollten.

Achtsamkeit und Präsenz

Gedanken kommen und gehen wie Blätter im Wind,
aber der Ort, von dem aus du sie wahrnimmst,
ist immer da.
(Deepak Chopra)

In allen Menschen sind zwei vorherrschende reflexartige Tendenzen angelegt, auf Zeiten der Verunsicherung zu reagieren; sie sind sehr verschieden:

Zum einen gibt es eine Tendenz, mit Angst, Furcht, ja mit Panik zu reagieren. Da Angst bekanntlich eng macht, sehen wir die Welt nur noch aus einer Tunnelperspektive. Sicherlich erinnern auch Sie sich an Autofahrten, die durch einen recht langen Tunnel führten. Vielleicht hatten Sie dabei Gedanken wie: Wann hört der denn endlich wieder auf? Das dauert ja ewig! Jetzt darf bloß nichts passieren! Bekomme ich eigentlich genug Luft da drin? Wie eng und dunkel das hier ist!

Eine zweite reflexartige Tendenz ist die Verleugnung. Wir tun so, als ob nichts wäre. Wir wollen uns einer bedrohlichen Situation nicht stellen, wollen lieber ausweichen, nichts sehen, hören, wissen. Vielleicht erinnern Sie sich an eine Situation aus Ihrer Kindheit, in der sie selbst etwas nicht sehen wollten oder von jemand anderem nicht entdeckt werden wollten. Oft halten sich Kinder mit beiden Händchen die Augen zu, um sich in Sicherheit zu wähnen. Natürlich hilft dieser Reflex nicht, und womöglich lächeln wir über ein Kind, das diesen „Augen-zu-mach-Reflex" zeigt. In Zeiten der Verunsicherung aber greifen wir unwillkürlich selbst auf einen solchen kindlichen Reflex zurück und verhalten uns, als könnten wir die Situation ungeschehen machen, indem wir die Fakten verleugnen, dem Problem nicht ins Gesicht schauen und sprichwörtlich die Augen davor verschließen.

Zu einer reifen, erwachsenen Haltung, die in Zeiten der Verunsicherung sehr wichtig und hilfreich ist, gehört das achtsame Wahrnehmen: wahrnehmen, was um mich herum geschieht; mit offenen, neugierigen Augen auf die Realität blicken, wie sie eben gerade ist, ohne dem Reflex des Wegschauens nachzugeben. Achtsames Wahrnehmen enthält sich auch einer vorschnellen Bewertung der Situation. So bleibe ich „präsent", offen für das, was auch immer sich gerade zeigen mag.

Achtsamkeit und die damit einhergehende Fähigkeit, ganz im gegenwärtigen Augenblick zu leben, sind in jedem von uns angelegt. Wir können diese Fähigkeiten trainieren, wie wir auch einen Muskel stärken können, indem wir ihn beüben.

Achtsamkeit kann mit der Arbeit eines Beleuchters in einem Theater verglichen werden. Er wird vor und nach der Aufführung die Beleuchtung auf den Zuschauerraum richten. Während der Veranstaltung wird er hingegen das Licht im Zuschauerraum herunterdimmen und die Beleuchtung auf der Bühne heraufdimmen. Wahlweise kann er die ganze Bühne beleuchten oder nur einzelne Bereiche der Bühne mit einem Lichtkegel fokussieren. Er weiß, wann und wo welches Licht mit welcher Intensität gebraucht wird, um der Theateraufführung zu einem erfolgreichen Verlauf zu verhelfen.

So können auch Sie mithilfe der in Ihnen angelegten Fähigkeit zur Achtsamkeit das Licht Ihres Bewusstseins ausrichten: nach außen (vergleichbar dem Zuschauerraum) oder nach innen (vergleichbar der Bühne). Sie können so einerseits gezielt wahrnehmen, was um Sie herum geschieht, und andererseits, was in Ihnen an Gefühlen, Gedanken und Körperempfindungen aufscheint, die mit den äußeren Ereignissen in einer engen Wechselbeziehung stehen. Sie können Ihre Aufmerksamkeit ganz bewusst lenken.

Innehalten

Nehmen Sie sich zunächst etwas Zeit, um ein wenig mehr in die Entspannung zu gehen. Vielleicht unterstützt es Sie, für ein paar Minuten Ihren Atem zu beobachten, ohne ihn verändern zu wollen. Wenn Sie wollen, können Sie während der folgenden Übung auch Ihre Augen schließen.

Wenn Sie ein wenig ruhig geworden sind, vergegenwärtigen Sie sich eine aktuelle Situation, die Sie als belastend empfinden. Stellen Sie sich zunächst die äußere Situation möglichst konkret vor. Anschließend richten Sie Ihre Aufmerksamkeit auf Ihre Innenwelt, darauf, wie es Ihnen mit der Situation ergeht.

Stellen Sie sich nun vor, dass es in Ihnen einen Ort der inneren Weisheit gibt, den Sie um Rat befragen können.

- *Was braucht mein Einverstanden-Sein?*
- *Und was braucht meine Veränderungsbereitschaft? Soll ich die äußere Situation so akzeptieren, wie sie nun eben ist? Oder soll ich einen Beitrag leisten, um sie zu verändern?*
- *Wie steht es um mein inneres Befinden? Was brauche ich, damit ich mich in dieser Situation wohler fühlen kann?*

Hierzu möchte ich Ihnen ein einfaches, anschauliches Beispiel geben:

Stellen Sie sich vor, Sie befinden sich in einem stickigen Raum und nehmen wahr, wie verbraucht die Luft riecht. Wenn Sie in sich hineinspüren, nehmen Sie wahr, wie sehr Sie sich über die verbrauchte Luft, die Sie gerade einatmen, ärgern. In diesem Fall wäre es leichter, die äußere Situation zu verändern, als sich mit dem Gefühl des Ärgers arrangieren zu wollen.

Würden Sie sich mit aller Kraft einreden wollen, dass Sie sich nicht ärgern sollten, würden Sie sich am Ende womöglich sogar noch über Ihren eigenen Ärger ärgern, und es entstünde eine Art Teufelskreis:

Ich wollte mich nicht ärgern, ärgere mich aber trotzdem, was mich dann erst recht wütend macht.

Nachdem Sie die äußere Situation und Ihr inneres Erleben wahrgenommen haben, könnten Sie eine Entscheidung treffen: aufstehen und ein Fenster öffnen, um frische Luft hereinzulassen. Sobald es Ihnen zu kalt wird, könnten Sie erneut aufstehen, um das Fenster wieder zu schließen.

Engagiertes Handeln

An dieser Stelle möchte ich Ihnen etwas über ein neues – wie ich finde: sehr hilfreiches – Psychotherapieverfahren erzählen. In der sogenannten Akzeptanz- und Commitment-Therapie (in Kurzform ACT genannt) spielen die Begriffe Achtsamkeit, Akzeptanz, Werte und engagiertes Handeln eine zentrale Rolle. Die Themen Achtsamkeit und Akzeptanz finden sich mittlerweile in vielen verschiedenen therapeutischen Ansätzen. Dazu habe ich Ihnen in den beiden vorherigen Kapiteln bereits etwas Zusammenfassendes geschrieben.

Das Besondere an ACT ist meines Erachtens die Betonung eines engagierten und werteorientierten Handelns. Und genau das ist es, was wir in Krisenzeiten benötigen, um das Potenzial einer Lebenskrise tatsächlich für uns nutzen zu können.

„The proof of the pudding is the eating!" So lautet ein altes englisches Sprichwort. Es will sagen, dass wir etwas ausprobieren, verkosten müssen, um entscheiden zu können, ob es so lecker schmeckt, wie es aussieht. Statt zu viel nachzudenken und nur zu theoretisieren, braucht es den Schritt zum Tun, zum Ausprobieren, um sich ein Urteil bilden zu können.

Sicherlich kennen Sie aus Ihrem Alltag die Erfahrung, wie es Sie belebt, wenn Sie engagiert und aktiv etwas Gutes in Ihrem Leben verwirklichen konnten. Wir fühlen uns dadurch selbstwirksam. Die Erfahrung von Selbstwirksamkeit stärkt wiederum unser Selbstvertrauen; wir werden mutiger und zuversichtlicher. So geht es bei diesem neuartigen Therapieansatz darum, der permanent aktiven Denkmaschine in unserem Kopf nicht das Feld zu überlassen, sondern durch engagiertes Handeln unserem Leben eine Richtung zu geben, die für uns wertvoll und sinnstiftend ist.

Das Anliegen ist dabei nicht, durch engagiertes Handeln die Dinge „im Griff zu haben", sie zu kontrollieren. Solche Kontrollversuche würden unsere Fähigkeit zu kreativem, wertebasiertem Handeln nur beschränken. Und darum geht es ja: unser Leben auf sinnvolle, wertebasierte Weise zu gestalten!

Engagiertes Handeln setzt voraus, die eigenen Werte zu kennen. Russ Harris, ein bekannter ACT-Therapeut, definiert Werte als unsere tiefsten Herzenswünsche, wie wir unser Leben gestalten wollen. Es sind dies nicht primär angestrebte Ziele, sondern vielmehr Qualitäten, die wir in unser Handeln und somit in unser Leben bringen wollen. Werte erzählen davon, was für ein Mensch wir sein wollen und was uns im Leben wirklich am Herzen liegt.

Werte sind wie Wegweiser, die in eine bestimmte Richtung deuten, eine Art lebenslanger Leitfaden.

Wir müssen zwischen dem Wert als Wegweiser und einem Ziel, das wir erreichen möchten, unterscheiden. Natürlich dürfen wir uns im Leben Ziele setzen. Wenn wir ein Ziel erreicht haben, können wir es abhaken. Bei Werten ist das anders, sie sind etwas viel Umfassenderes. Es geht dabei um die Frage, wie wir uns verhalten wollen. Werte sind von innen, aus unserem Herzen kommende Qualitäten, die uns die Richtung weisen, wie wir unser Leben gestalten möchten.

In einem wirklich gelingenden Leben geht es vor allem darum, unsere Werte zu leben und nicht nur irgendwelche Ziele zu erreichen. So könnte ein Wert darin bestehen, ein mitfühlender, liebevoller Mensch zu sein. Seine eigenen Werte zu kennen und sie umzusetzen heißt nicht, an ein bestimmtes Ziel kommen zu müssen. Der Weg ist das Ziel! In unserem Leben - wir sprechen oft vom Lebens*weg* - geht es nicht darum, möglichst schnell an einem definierten Ziel anzukommen, sondern die Freude des Unterwegsseins und die Schönheit des Weges zu genießen. Wenn der Weg schön ist, tritt die Vorstellung, unbedingt ein bestimmtes Ziel erreichen zu müssen, in den Hintergrund. Dies hat etwas ungemein Entlastendes; denn allzu oft setzen wir uns mit selbstgesteckten leistungsorientierten, ehrgeizigen Zielen so sehr unter Druck, dass wir den Weg, das Unterwegssein im Hier und Jetzt, gar nicht mehr schätzen und genießen können.

Werte weisen also in die Richtung, in die wir auf unserem Lebensweg gehen möchten. Sie sind wie ein Kompass, der Orientierung schenkt und hilft, nicht vom eigenen Weg abzuweichen. Die Richtung soll stimmen! Wer mithilfe eines Kompasses in südliche Richtung geht, der will nicht „im Süden" ankommen. Ebenso geht es bei den Werten nicht darum, diese wie ein Ziel zu erreichen, sondern sie als Orientierungshilfe zu nutzen.

Am Beispiel einer Partnerschaft lässt sich das gut verdeutlichen. Wenn wir den vermeintlichen Partner fürs Leben gefunden haben, mögen wir denken, wir hätten nun unser Ziel „eine glückliche Partnerschaft" erreicht. Schnell merken wir jedoch, dass wir durch das Eingehen einer Partnerschaft nicht am Ziel sind; weder können wir diesen Punkt abhaken, noch reicht es, einfach etwas festhalten zu wollen. Vielmehr geht es darum, die Werte, die wir mit einer glücklichen Partnerschaft verbinden, immer aufs Neue zu leben. Welche Qualitäten sollen diese Partnerschaft ausmachen? Vielleicht denken Sie an wechselseitige Fürsorge, Zuneigung, Wohlwollen, gegenseitige Unterstützung und Liebe. Dann kommt es darauf an, dass Sie selbst durch Ihr engagiertes Handeln diese Qualitäten immer wieder neu als Leitfaden für Ihre Partnerschaft mitgestalten. Und damit sind wir nie fertig! Wohl aber ist es die Richtung, in die es tagtäglich engagiert aufzubrechen heißt.

Ein altes Wort besagt: „Mit der Liebe ist es wie mit Brötchen – sollen sie schmecken, müssen sie täglich frisch gebacken werden."

Altes, hartes oder gar verschimmeltes Brot bekommt keinem Magen. Wenn Sie sich eine „Liebe-volle" Beziehung wünschen, müssen Sie täglich engagiert entsprechend Ihren Werten aktiv werden. Das Brötchen backt sich nicht allein. Sie sind der Bäcker Ihres Lebens und dafür verantwortlich, dass Ihr Hunger nach wechselseitigem Liebe-vollem Bezogensein gestillt wird. Tag für Tag. Engagiertes Handeln beinhaltet also nicht zuletzt die Bereitschaft, Verantwortung zu übernehmen. Je klarer Ihnen Ihre eigene Verantwortlichkeit für die Realisierung Ihrer eigenen Werte ist, desto deutlicher wird es, wie sehr es auf Ihr Engagement, auf Ihr Handeln ankommt.

Vertrauen

Geduld ist für den Geist das Schwerste.
Es ist das Schwerste und das Einzige,
was zu lernen sich lohnt.
Alle Natur, alles Wachstum, aller Friede,
alles Gedeihen und Schöne in der Welt
beruht auf Geduld,
braucht Zeit,
braucht Stille,
braucht Vertrauen.

(Hermann Hesse)

Vertrauen ist die Kraft, die unsere ängstliche Kurzsichtigkeit hin zur Weitsicht und Einsichtsfähigkeit öffnen kann. Diese Kraft ist in uns allen da. Sie ist die innere Instanz, die es uns ermöglich, uns ganz hinzugeben. Sie ist aus den Erfahrungen unserer eigenen Vergangenheit erwachsen.

Jeder von uns hat als Neugeborenes die Erfahrung gemacht, dass er versorgt wurde. Unsere körperlichen Bedürfnisse sind gestillt worden, wir haben zu essen und zu trinken bekommen. Auch haben sich unsere Eltern - soweit es ihnen möglich war - um unsere emotionalen Bedürfnisse gekümmert. Daraus entsteht nach dem Stufenmodell der psychosozialen Entwicklung des deutsch-amerikanischen Psychoanalytikers Erik H. Erikson zunächst die Erfahrung des Urvertrauens. Gleichzeitig erlebt das Baby aber auch Phasen des Misstrauens, etwa dadurch, dass die Mutter nicht immer für das Baby da ist, weil sie sich beispielsweise um den Haushalt kümmert. Für die psychische Entwicklung des Kindes ist es wichtig, dass es beides kennenlernt: die Erfahrung des Vertrauens, aber auch des Misstrauens. Wichtig ist letztlich, dass die Erfahrungen des Vertrauens die Erfahrungen des Misstrauens überwiegen.

So bleibt es auch in unserem weiteren Leben. Immer wieder erfahren wir beides. Entscheidend für unsere weitere Persönlichkeitsentwicklung wird sein, dass wir immer wieder neu Erfahrungen des Vertrauens machen dürfen, die stärker in uns wiegen als die Enttäuschungen, die wir ebenfalls erleiden.

Neben dem sozialen Vertrauen im Hinblick auf andere Menschen entwickeln wir im Laufe unseres Lebens auch ein Grundvertrauen uns selbst gegenüber. Ein Vertrauen, das um unsere eigenen Fähigkeiten und Potenziale weiß. Ein Vogel, der auf einem Ast sitzt, braucht keine Angst zu haben, er könnte herunterfallen: Er weiß, dass es letztlich nicht der Ast ist, der ihm Sicherheit gibt, sondern seine eigenen Flügel. Seine Fähigkeit zum Fliegen ist es, die ihn gelassen und sicher sein lässt. Der Vogel weiß, wann der Moment gekommen ist, den Ast, den seine Fußkrallen umfangen, loszulassen, damit er sich kraft seiner Flügel in die Lüfte aufschwingen kann.

Wenn wir um unsere Fähigkeiten wissen, die in uns schlummern, können auch wir gelassen und ruhig sein. Wir dürfen darauf vertrauen, dass es in uns eine Instanz gibt, die weiß, was für uns gut ist und wann der Moment gekommen ist, uns zu erheben, uns auf den Weg zu machen, loszulassen, um das zu tun, was für unsere Weiterentwicklung gut ist.

Bilder der Hoffnung

Hoffnung ist nicht die Überzeugung,
dass etwas gut ausgeht,
sondern die Gewissheit, dass etwas Sinn macht,
egal wie es ausgeht.
(Vaclav Havel)

Krisenzeiten sind für uns alle oftmals nur sehr schwer auszuhalten.

Ist es die Unsicherheit, wie etwas weitergehen wird, die unseren Ängsten Nahrung gibt? Tag und Nacht zehren ängstliche und sorgenvolle Gedanken an uns. Was wird werden? Die Ungewissheit gibt der Angst immer neue Nahrung. Gerade in solchen Zeiten benötigen wir Bilder der Hoffnung.

Unter #regenbogengegencorona malten unzählige Kinder während der Ausgangsbegrenzungen in der Coronakrise Regenbogen und klebten ihre selbstgemalten Bilder an Fenster und Türen. Kinder und Erwachsene konnten so bei ihren Spaziergängen vielfältige Regenbogen bestaunen und daran denken, dass in diesen Häusern Kinder wohnten, die gerade nicht in die Schule gehen konnten, ihre Freunde nicht treffen durften und genauso von der aktuellen Situation betroffen waren. Es entstand so ein Gemeinschaftsgefühl, eine Atmosphäre der Hoffnung, als ob der Regenbogen sagen wollte: Gemeinsam schaffen wir es!

Welch passendes Symbol! Ein Regenbogen entsteht ja bekanntlich dadurch, dass sich Sonnenlicht an vielen kleinen Wassertropfen bricht, sodass ein farbiges, halbkreisförmiges Lichtband entsteht. Das Zusammenspiel von vielen Wassertropfen und Sonnenlicht zaubert etwas staunenswert Neues hervor. Zu allen Zeiten hat der Regenbogen in Kunst, Mythologie und Religion Menschen unterschiedlichster Völker fasziniert. Im ersten Buch der Bibel, dem Buch Genesis, wird erzählt, wie der Regenbogen nach der Sintflut die Menschheit an den Friedensbund Gottes erinnern möchte: als Hoffnungsbild, dass nach einer sintflutartigen Katastrophe das Leben weitergeht.

Andere Kräfte kommen hinzu und wirken mit, dass die Hoffnung ihren Grund findet, so wie der Regenbogen eine Art Verbindung zwischen Himmel und Erde darstellt.

Gerade in unseren schwersten Stunden brauchen wir solche Bilder der Hoffnung. Hoffnungsvolle Bilder wirken ungemein motivierend. Wir können dadurch eine Art Vorgefühl, eine Vorfreude auf eine bessere Zeit aktivieren.

Innehalten

- *Was gibt Ihnen in Zeiten der Krise Halt?*
- *Was sind Ihre persönlichen Bilder der Hoffnung?*
- *Was nährt Sie in schwierigen Zeiten?*
- *Auf wen oder was können Sie sich in Krisenzeiten verlassen?*
- *Wofür lohnt es sich für Sie, Krisenzeiten durchzustehen?*

Denken Sie immer daran: Was nicht ist, kann noch werden …

Und richten Sie den Blick immer wieder auf das, was an Lebendigem um Sie herum geschieht, auf die vielen kleinen und großen „Hoffnungsbilder“, die uns die Natur „malt“. Nehmen Sie sich die Zeit und Muße, bewusst zu schauen und zu lauschen. Auch das Zwitschern der Vögel kann ein Hoffnungszeichen für uns sein …

Vorräte

Aktuelle Krisen sind unter anderem dazu nützlich, sich aufgrund der gemachten Erfahrungen für zukünftige Krisen rüsten zu können. Viele Beispiele ließen sich nennen. Denken wir etwa an das Pfingsthochwasser 1999, als viele Flüsse über die Ufer traten: Danach wurden viele Maßnahmen initiiert, die künftige Überschwemmungen verhindern sollen. Oder an die Knappheit mancher Güter aufgrund der Pandemie, die uns im Großen wie im Kleinen ganz neu mit der Frage der Vorratshaltung konfrontiert hat. Viele aus der Generation unserer Eltern, Großeltern und Urgroßeltern, die im Zweiten Weltkrieg Not litten, haben zeitlebens im Keller eine Art „eiserne Ration" an Konserven angelegt, um für den Fall der Fälle gerüstet zu sein. Haben wir zuletzt in Zeiten, in denen das Sparen sich angesichts einer Nullzinsphase nicht mehr gelohnt hat und die Verlockungen der Konsumgesellschaft übergroß waren, vielleicht zu sehr über unsere Verhältnisse gelebt und nicht „an später" gedacht? Welche Reserven und Vorräte brauchen wir eigentlich, um für zukünftige Krisen besser gerüstet zu sein?

Neben materiellen Dingen gibt es auch immaterielle Werte, die in solchen Zeiten wichtig sind. Davon erzählt in sehr schöner Weise der Bilderbuch-Klassiker von der Feldmaus Frederick. Frederick hatte – im Gegensatz zu allen anderen Mäusen – im Herbst nicht Nüsse und Körner gesammelt, sondern in der Herbstsonne gelegen, um Farben und Wörter, die für Träume und Hoffnungen stehen, einzufangen. Als dann in den langen und kalten Wintertagen seine Freunde in der dunklen Erdhöhle beginnen, mutlos zu werden, erzählt Frederick farbenfrohe und aufmunternde Geschichten, die der versammelten Mäuseschar helfen, wieder Hoffnung auf ein Leben nach dem Winter zu empfinden.

Haben nicht auch wir Menschen, wenn es warm und hell ist, das Bedürfnis, noch schnell etwas „Sonne zu tanken"? Wir brauchen eben nicht nur materielle Reserven, um gut durch schwierige Phasen unseres Lebens zu kommen, sondern auch einen inneren Vorrat an Wärme, Licht und Helligkeit. Wir können diese „*Licht*-vollen", „*Kraft*-spendenden" Erfahrungen als Wohlfühl-Erinnerungen in uns abspeichern, als Vorrat an Mut und Kraft für die kalten, dunklen Zeiten unseres Lebens. Ja, wir brauchen eine Art „Energievorrat", der nicht in Kalorien zu messen ist. Unsere Lebenskraft hat viel damit zu tun, wie viel Vertrauen, Hoffnung, Zuversicht wir in uns verspüren können. Es sind vor allem Erfahrungen von Zugehörigkeit, von Unterstützung, von Geborgenheit, die uns genau das ermöglichen.

Wir brauchen also immer auch einen Vorrat an nährender Mitmenschlichkeit, an guten, tragfähigen Beziehungen, die uns in Zeiten der Not durchtragen können. Es ist nicht nur gut und schön, sondern auch klug, in guten Zeiten unser Beziehungsnetz zu pflegen. Sind wir in ein Geflecht von gebenden und empfangenden Beziehungen eingewoben, so stehen wir in schwierigen Zeiten nicht alleine da.

Einsamkeit ist Gift für unsere Seele. Wir Menschen brauchen uns gegenseitig. Wir sind füreinander geschaffen. Es nützte uns nichts, wenn wir zwar materiell gut aufgestellt wären, aber einsam und allein wären. In schwierigen Phasen merken wir das umso deutlicher. Ein Bekannter, der nie gedacht hatte, dass er einmal seine Herkunftsfamilie vermissen könnte, zu der er nur noch spärlich Kontakt hatte, erzählte mir, wie er in einer Krisenzeit neu den Faden zu seinen Geschwistern aufgenommen und sich entschieden hat, alte Streitigkeiten beizulegen.

Wenig hilfreich wäre es dagegen, das Essen als eine Art „Seelentrösterchen" zu konsumieren: Zwar ist „Kummerspeck" auch eine Art Vorrat für „dürre Zeiten", doch wird dieser uns nicht wirklich seelisch nähren, sondern zum Ballast, den wir mit uns herumschleppen und der unser körperliches und seelisches Wohlbefinden eher stört, als es zu fördern.

So wie wir regelmäßig unseren Handyakku überprüfen und gegebenenfalls aufladen, sollten wir auch unseren seelischen Akku regelmäßig prüfen und aufladen. Wie ist der „Akku-Stand" etwa beim Vertrauen, das in einer Krise so dringend benötigt wird? Wie sehr kann ich mir selbst, meinem Körper, meinen Fähigkeiten trauen? Gibt es in meinen Beziehungen zu anderen gegenseitiges Vertrauen? Habe ich Vertrauen in das Funktionieren unseres Gesundheitswesens, der

Solidargemeinschaft, in die politische Führung des Landes? In einer kollektiven, weltumspannenden Krise stellt sich ganz neu die Frage nach einer vertrauensvollen Zusammenarbeit der Menschheitsfamilie. Nationalistische Eigeninteressen kollidieren mit der Notwendigkeit einer solidarischen, wertebasierten Kooperation, um in einer globalisierten Welt die Krise zu meistern; bei alten Reflexen der Abschottung, der Ab- und Ausgrenzung darf es nicht belassen werden.

Im Lukasevangelium findet sich zum Thema „Vorräte“ das Gleichnis vom reichen Kornbauern. Da wird erzählt, wie ein ohnehin schon reicher Mensch seine Kornvorräte weiter mehren möchte, um „über viele Jahre hinaus“ ausgesorgt zu haben. Doch Gott lässt ihn wissen, dass er noch in derselben Nacht seine Seele fordern werde. So wird sein närrisches Verhalten offensichtlich. Das Gleichnis endet mit der Aussage, dass derjenige, der nur für sich selbst Schätze anhäufen möchte, nicht reich bei Gott sei. So berechtigt es prinzipiell ist, einen Vorrat für Notzeiten zu haben, so kurzsichtig ist die Denkweise des reichen Kornbauern. In der übermäßigen Vorsorge „über viele Jahre hinaus“ übersieht er, was das gegenwärtige Leben an Freude schenken will. Zudem gibt es eine andere Art von Reichtum, einen „Reichtum bei Gott“: dann, wenn wir nicht nur egoistisch an uns selbst denken, sondern andere Menschen und das große Ganze im Blick behalten. Wir brauchen eine gesunde Balance zwischen einem für uns selbst *vorsorglichen* und einem mitmenschlich *fürsorglichen* Lebensstil.

Außerdem können wir in einer zu engen Fixierung auf Zukünftiges, etwa auf unsere „Altersvorsorge“, den Geschmack am Leben im Hier und Jetzt verlieren. Wie nährend ist es doch für uns Menschen, anstatt sorgenvoll auf die Zukunft zu schauen, ein paar Mal am Tag innezuhalten, um zu erspüren, was jetzt gerade gut ist und wofür wir hier und jetzt dankbar sein können!

Innehalten

- *Wie steht es derzeit mit Ihrem „Seelenakku“?*
- *Was nährt Ihr innerstes Wohlbefinden?*
- *Woher beziehen Sie Ihren Vorrat an Hoffnung, Vertrauen, Zuversicht?*
- *Inwieweit gibt es in Ihnen eine Offenheit für spirituelle Erfahrungen?*
- *Welche Art von Vorräten benötigen Sie, um auch in schwierigen Zeiten seelisch gut aufgeladen zu sein?*
- *Welche Beziehungen sind für Sie tragend?*

IV

Ermutigungen: Kraftquellen entdecken

Eigene Resilienzerfahrung

Wir alle haben wohl schon schwierige Situationen in unserem Leben durchgemacht. Wir haben dadurch bereits die Erfahrung gemacht, dass wir mit Schwierigkeiten umgehen können und Herausforderungen gemeistert haben. Oft sind wir daran sogar gewachsen. Auch kennen wir wohl alle Zeiten der Angst. Und manches Mal werden wir erlebt haben, dass wir eine Situation der Angst mutig bewältigen konnten. Nicht nur „die Leber wächst mit ihren Aufgaben" - wir selbst auch!

Als Resilienz bezeichnet man die Fähigkeit des Menschen, aus Krisen gestärkt hervorzugehen. Resiliente Menschen erkennen ihre Handlungsmöglichkeiten an; sie begnügen sich nicht damit, in einer Opferrolle zu verharren, sondern sie akzeptieren das, was ist, und übernehmen mit Optimismus Eigenverantwortung für ihr Leben. Resiliente Menschen knüpfen

Netzwerke, denn sie wissen: Nur sie allein können es schaffen, aber sie müssen es nicht alleine schaffen. Die wissenschaftliche Forschung zur Resilienz hat eine gute und eine etwas unbequeme Nachricht. Die gute Nachricht zuerst: Resilienz kann man lernen. Die unbequeme Nachricht lautet: Wer seine Widerstandskraft trainieren möchte, muss auch bereit sein, sich den Krisen und Herausforderungen seines Lebens zu stellen.

Ein väterlicher Freund, der nach den Wirren des Zweiten Weltkriegs als Kind mit seiner Familie Flucht und Vertreibung erlebt hatte, erzählte mir, wie sehr ihn diese Erfahrung ein Leben lang geprägt hat. „Ich wusste fortan: Ich kann Dinge durchstehen, von denen ich nicht ahnte, dass es möglich ist. Es hat mich ungemein gestärkt, eine so schwierige Zeit durchgestanden zu haben. Ich wusste, dass ich keine Angst vor der Zukunft mehr zu haben brauchte; nun würde ich mit vielem anderen klarkommen – und so war es dann auch."

Mittlerweile ist es wissenschaftlich gut belegt, dass Schicksalsschläge und schwere Krisen uns nicht aus der Bahn werfen müssen, sondern im Gegenteil in uns Stärken und ganz neue Lebensperspektiven hervorrufen können. Posttraumatisches Wachstum bzw. posttraumatische Reifung wird dieses Phänomen genannt.

Einer der Wegbegleiter der modernen Psychotraumatologie, Stephen Joseph, sieht darin wichtige „Motoren der inneren Veränderung". Er vergleicht das Leben vor und nach einer Krise mit einer einst heilen

Vase, die nun zerschellt am Boden liegt. Entscheidend sei die Haltung einer radikalen Akzeptanz, die das traumatische Ereignis als solches ganz und gar akzeptiert. Statt zu versuchen, das Geschehene ungeschehen machen zu wollen, etwa durch den Versuch, die Vase zu kleben, in der Hoffnung, dass sie wieder die alte wird, geht es darum, etwas Neues daraus zu kreieren, vielleicht aus den Scherben ein einzigartiges Mosaik zu machen.

Die Haltung der radikalen Akzeptanz unterstützt uns in schweren Zeiten dabei, innerlich nicht zu zerbrechen, sondern in uns etwas aufbrechen zu lassen und somit einen kreativen Neuanfang zu ermöglichen.

Mutmach-Menschen

Als Menschen sind wir eingewoben in ein größeres Netz von Beziehungen. Jeder Mensch stellt in diesem Geflecht einen Knotenpunkt dar, der durch Beziehungsfäden mit anderen verbunden ist. Gemeinsam bilden wir ein Netz, sodass wir einander tragen und unterstützen können. Einerseits bin ich selbst durch andere Menschen mitgetragen, andererseits bin auch ich ein Knotenpunkt, der andere mitträgt und ermutigt.

Genau auf diese Weise funktioniert idealerweise unsere gesellschaftliche Solidargemeinschaft: Wird ein Mitglied schwach, alt, krank, bedürftig, so ist es das funktionierende soziale Netzwerk, das diesen Menschen hält und mitträgt.

Indem wir unser Bestes geben, uns bemühen, authentisch, stimmig, ehrlich unseren Weg zu gehen, laden wir auch andere ein, sich authentisch zu zeigen. Ein Mensch, der offen über seine Krisen spricht, eröffnet gewissermaßen einen Raum des Vertrauens, den auch sein Gegenüber betreten und in dem auch er sich ehrlich mitteilen kann. Das dadurch gewonnene Wissen „Ich bin nicht allein“ wirkt bereits entlastend: Dann bin ich vielleicht gar nicht „so verkehrt“, „so falsch“, „so dumm“, wie ich zuvor in meiner eigenen Selbstverurteilung gedacht habe. Tauschen wir uns wechselseitig über das aus, was uns in schweren Zeiten Kraft und Zuversicht gibt, können wir uns dadurch gegenseitig Mut und Inspiration schenken.

Ein besonderer Mutmacher ist für mich der deutsche Schauspieler Samuel Koch. Wie bekannt, war er als 23-Jähriger in der Fernsehshow „Wetten dass?“ bei einem waghalsigen Salto vor einem Millionenpublikum verunglückt; seither ist er querschnittsgelähmt. Nach anfänglichem Hadern akzeptierte er seine Situation und entschied sich bewusst dafür, ein neues Kapitel in seinem Leben zu beginnen. Er wurde Schauspieler, heiratete, schrieb Bücher über seine Erfahrungen als Mensch mit einer körperlicher Behinderung und nutzt seither seine Prominenz, um anderen Menschen Mut zu machen und soziale Projekte zu unterstützen.

Innehalten

Ich möchte Sie an dieser Stelle einladen, kurz innezuhalten und sich folgende Fragen zu beantworten:

- *Gibt es jemanden, der für Sie in Ihrem Leben ein besonderer Mutmacher war?*
- *Wenn ja, wozu hat dieser Mensch Sie ganz persönlich inspiriert?*
- *Für wen sind Sie womöglich ein ermutigendes Vorbild geworden?*
- *Was löst es jetzt in diesem Moment in Ihnen aus, wenn Sie sich dieser Ermutigungen (in beide Richtungen) bewusst werden?*

Mut zur Spiritualität

> *Der erste Trunk aus dem Becher der Naturwissenschaften macht atheistisch, aber auf dem Grund des Bechers wartet Gott.*
>
> *(Werner Heisenberg)*

Im Reiseführer hatte ich ein Foto des Berges Kirkjufell gesehen, der als schönster Berg Islands gepriesen wird; aufgrund der pyramidenförmig zulaufenden Silhouette wurde er als „Matterhorn Islands" beschrieben. Als ich mich dann im Urlaub diesem Berg von Osten kommend näherte, traute ich zunächst meinen Augen nicht: Vor mir lag ein Berg, der eher dem Kapstadter Tafelberg ähnelte denn dem Schweizer

Matterhorn. Dies sollte der Berg sein, den ich im Reiseführer gesehen hatte?! Unmöglich! Als ich mich, am Berg angekommen, an seine Umrundung machte, staunte ich noch mehr: Aus jeder Perspektive schien er eine völlig andere Form zu haben. Nun wunderte es mich auch nicht mehr, dass er so viele unterschiedliche Spitznamen besaß: So hatten ihn dänische Seefahrer als Zuckerhutberg beschrieben, in der Serie *Game of Thrones* wurde er hingegen „der Pfeilspitzberg" genannt. Die Erkenntnis meiner Begegnung mit diesem malerischen Berg lautete:

Es ist nicht so, wie ich denke!
Es ist auch ganz anders!

Irgendwie fühlte ich mich beschämt, dass ich anfänglich aufgrund eines Fotos eine so eingeschränkte Vorstellung von diesem Berg hatte. Die Realität war ganz, ganz anders.

Mich dünkte, dass diese Erkenntnis nicht nur für diesen Berg galt, sondern allgemeinere Gültigkeit hat. Kann es sein, dass wir das Leben mit einer Art Sichtschutzbrille wahrnehmen, weil unser menschlicher Geist mit den vielen Dimensionen der Wirklichkeit überfordert wäre? Womöglich benötigen wir als Menschen eine solch eingeschränkte Sichtweise auf die Welt, weil alles andere uns überfordern würde. Wir können zeitlebens immer nur eine bestimmte, eingeschränkte Sichtweise haben; die Wirklichkeit aber ist viel, viel größer.

Und dies gilt, so scheint mir, nicht nur für unser individuelles, sondern auch für unser kollektives Bewusstsein. Auch wenn das menschliche Wissen dank des wissenschaftlichen Fortschritts ungemein zunimmt und wir meinen, dadurch eine immer umfassendere, vermeintlich geradezu allwissende Weisheit erlangen zu können, könnte auch das letztlich eine höchst begrenzte Perspektive sein.

Sind womöglich auch die verschiedenen Religionen wie unterschiedliche Wege auf denselben Berg? Das muss nicht heißen, dass alle „gleich-wertig" wären. Wie auch immer: *Wir* sehen den Berg aus *unserer* Perspektive und geben ihm unseren Namen. Je weiter wir den Berg erklimmen, desto näher kommen wir auch jenen, die einen anderen Zugang gewählt haben. Was geschieht, wenn wir uns oben am Gipfel begegnen? Ich vermute, wir werden staunend und ehrfürchtig oben stehen und uns wundern, dass wir, die wir uns zuvor als so getrennt voneinander erlebt haben, uns nun ganz nah, ganz verbunden, ganz zugehörig fühlen.

Spiritualität beinhaltet die Bereitschaft, die eigenen Vorstellungen „sich transzendieren" zu lassen. Es ist eben nicht nur so, wie wir bisher gedacht haben, sondern es ist auch ganz anders. Wir sind eingeladen, offen dafür zu sein, über den Tellerrand hinauszublicken. Die Grenzen unseres bisherigen Denkens werden geweitet, bekommen Türen für das bisher nicht für möglich Gehaltene. Demut, Staunen, Ehrfurcht, Dankbarkeit, Verbundenheit: All dies sind Erlebensweisen, die uns das Leben tiefer spüren lassen. Es geht nicht so sehr darum, etwas mit dem Verstand zu glauben; wichtig ist, unser Herz berührbar zu machen und uns für Erfahrungen zu öffnen, in denen wir uns als Teil eines großen Ganzen aufgehoben wissen. „Der Wind weht, wo er will", sagt Jesus, um zu sagen, dass Gottes Geist überall wirkt. Aus der indischen Tradition kommend, formuliert Guru Shri Sathya Sai Baba:

Ich bin immer mit Euch.
Euer Herz ist mein Zuhause.
Die Welt ist mein Wohnsitz.
Ruft mich mit jedem beliebigen Namen,
und ich werde antworten.
Stellt Euch mich in jeder beliebigen Form vor,
und ich werde mich Euch zeigen.
Verleumdet oder verletzt niemanden,
Ihr verleumdet mich, der ich in ihm gegenwärtig bin.
(Shri Sathya Sai Baba)

Kollektive Krisen können uns eine wichtige Lektion in Sachen „Demut" erteilen. Wir haben uns als Krone der Schöpfung gefühlt. Wir haben uns als Herrscher über die Natur gewähnt. Wir haben unsere Einmaligkeit als Menschen nicht mehr als Geschenk betrachtet, sondern ein Recht daraus abgeleitet, uns die Welt rücksichtslos untertan zu machen. Doch wir müssen, wir *dürfen* immer klarer erkennen, dass wir nur ein Teil dieser großen Schöpfung sind. Sind nicht gerade

Krisen eine Gelegenheit, uns und unseren Blick zu weiten und zu wichtigen Erkenntnissen zu gelangen? Zu Erkenntnissen, die uns in Richtung unserer Sehnsucht leiten möchten: hin zu einem Leben in Einheit, Verbundenheit, Friedfertigkeit und Liebe? Haben wir uns von unserem wahren Menschsein vielleicht zu sehr entfremdet, indem wir eine Gesellschaft des Immer-mehr-haben-Wollens, des Konkurrenzdenkens, der Ellbogenmentalität erschaffen haben? Hat nicht eine Lebenshaltung nach dem Motto „Wer zuerst kommt, mahlt zuerst" uns als Menschen einander fremd werden lassen und uns letztlich auch innerlich von unserem wahren Zuhause weggeführt?

In einem alten Weihnachtshymnus heißt es:

Die Mitte der Nacht ist der Anfang des Tages.
Die Mitte der Not ist der Anfang des Lichts

Eine liebe Freundin schickte ihn mir an ihrem letzten Weihnachten. Sie, die nicht viel älter war als ich und mit einer metastasierten Krebserkrankung Woche für Woche der großen Schwelle näher kam, hatte eine Weihnachtskarte mit einer aufgehenden Sonne ausgesucht und zu dem Hymnus geschrieben: „Ich liebe diesen alten Weihnachtshymnus, und dem vertraue ich!" Noch nie hatte mich eine Weihnachtskarte derart berührt. „Die Mitte der Not ist der Anfang des Lichts" … – Letztlich wissen wir alle, dass unsere irdische Lebensreise unweigerlich auf den körperlichen Tod hinauslaufen wird. Wie gehen wir mit diesem Wissen um? Lassen wir diese Realität in unserem Alltagsbewusstsein zu oder verdrängen wir sie, so gut es eben geht? Was ist letztlich der Tod? Ist er die letzte Antwort auf das Leben? Und wenn ja: Welche Frage beantwortet er? Wohin geht unsere Reise? Was ist das Licht?

Im Grunde ist schon zu Lebzeiten jedes Abschiednehmen ein wenig dem Sterbeprozess vergleichbar. Es ist ein Prozess des Loslassens und des Sich-Hingebens. Ein Prozess des Ertragens von Schmerz und ein Sich-Einüben in ein größeres Vertrauen. Ein Vertrauen, das wiederum Kraft gibt für unseren weiteren Weg. Immer wieder müssen wir in unserem Leben Abschied nehmen, quasi einen kleinen Tod sterben: Wir sehen jemanden, der uns wichtig ist, zum letzten Mal. Wir betreten einen Ort, der uns viel bedeutet hat, ein letztes Mal. Jeder Abschied ist ein wenig wie Sterben.

Wir mögen uns damit trösten, dass sich durch das Abschiednehmen neue Räume, neue Entwicklungsmöglichkeiten auftun. So ist es zum Beispiel, wenn wir den Ort unserer Kindheit, der uns viel bedeutet hat, verlassen, um neue Orte kennenzulernen, um neue Lebensmöglichkeiten auszuprobieren. Gleichzeitig kommen wir mit jedem Abschied aber auch unserem physischen Lebensende ein wenig näher. Wie bei einer Zugreise, wo jede Station, die wir hinter uns lassen, uns dem Ziel ein wenig näher bringt.

Wie hilfreich kann es in diesem schmerzhaften Prozess des Abschiednehmens, des Sich-Hingebens, des Vertrauen-Fassens sein, eine spirituelle Quelle in sich zu spüren, die genau diesen Prozess unterstützt, ja auf eine gewisse Weise vielleicht erst möglich macht. „Es geht nach Hause", sprach eine tiefgläubige Frau, die ich während meiner Tätigkeit auf einer Palliativstation begleiten durfte. Wenn dem so ist, so gibt es zeitlebens nur diese eine Richtung: Es geht nach Hause.

Mutmacher Natur

> *Viel Zeit brauchen wir nicht, um uns an der Schönheit der unscheinbaren Dinge zu freuen, aber ein offenes Auge, ein offenes Herz.* *(Eva von Tiele-Winckler)*

Der Fluss kennt nur eine Richtung

Gerne möchte ich Ihnen an dieser Stelle von einer Erfahrung, die ich während einer Reise nach Patagonien machen durfte, berichten. Wir hatten uns für eine Raftingtour in Futaleufu interessiert; im Reiseführer war vom „besten Wildwasser der Welt" die Rede. Kaum hatten wir uns für eine Tour, die am nächsten Tag stattfinden sollte, angemeldet, beschlich mich schon eine Angst, da dieser Trip ja nicht ganz ungefährlich war. Nachts zuvor schlief ich unruhig. Sollten wir vielleicht doch noch absagen? Am nächsten Tag fuhr ich mit einer gehörigen Portion Respekt zum Ausgangspunkt der Tour. Es folgte eine Reihe von Sicherheitsinstruktionen, die mir einerseits die möglichen Risiken vor Augen führten, aber letztlich Klarheit darüber gaben, wie ich mich zu verhalten hatte, um möglichst gut mit den anderen Tourmitgliedern durch das Wildwasser zu kommen. Mit jeder bezwungenen Schwierigkeit wuchs das Vertrauen in mir. Ich spürte, wie ich es mehr und mehr genießen konnte, mit den anderen zusammen von Stromschnelle zu Stromschnelle zu paddeln. Letztlich war es nicht nur „a lot of fun", wie der Veranstalter versprochen hatte, sondern auch eine ermutigende Erfahrung für turbulente Zeiten unseres Lebens:

Der Fluss kennt nur eine Richtung. Indem wir uns dem Fluss des Lebens anvertrauen, wird er uns zuverlässig durch die Stromschnellen unseres Lebens tragen.

Natürlich gibt es auch einiges zu beachten: Sich anzuvertrauen heißt ja nicht, sich einfach blind treiben zu lassen. Wir sind mal mehr, mal weniger gefordert, aber immer dürfen wir wissen: Das Wasser trägt.

Es gibt ruhigere Passagen und herausfordernde Wegstrecken, beides gehört zu unserer Lebensreise.

Haben Sie Vertrauen. Nehmen Sie Ihren Platz in Ihrem Lebensboot ein.

Nutzen Sie die Hilfsmittel, die Sie haben.

Seien Sie präsent. Seien Sie achtsam.

Sie müssen selbst gar nicht so viel tun. Je mehr Sie du dich anvertraust, desto mehr Freude kann sich entfalten.

Genieße die Reise.

Sei in Verbindung mit den anderen, die mit dir unterwegs sind.

Innehalten

Wasser – Quelle des Lebens

Ein Fluss mit seinem permanenten Fließen kann uns inspirierende Erfahrungen für unser eigenes Leben schenken.

• Wann haben Sie zum letzten Mal der Melodie eines fließenden Gewässers gelauscht?

• Was geschieht mit Ihnen, wenn Sie sich – etwa beim Schwimmen oder beim Sich-Treiben-Lassen in einem Boot – einem Fluss anvertrauen?
Was entsteht, wenn Sie sich ganz auf den „Fluss Ihres eigenen Lebens" einlassen? Wie können Sie das Fließen in sich selbst spüren? Was geschieht mit Ihnen, wenn Sie Ihren eigenen Puls erfühlen und dem permanenten Fließen in Ihren Adern nachspüren?

• Was ist Ihr eigentlicher Durst? Wie können Sie ihn stillen?

• Können Sie Ihre Tränen frei fließen lassen oder versuchen Sie, diese zu unterdrücken?

• Kann auch die Freude in Ihrem Leben sprudeln und Sie dadurch Ihre tiefe Lebendigkeit spüren lassen?

Der nächste Winter kommt bestimmt

Vermutlich haben auch Sie den Slogan „Der nächste Winter kommt bestimmt" schon irgendwo gehört oder gelesen. Wenn es um den Verkauf von Winterreifen, Eiskratzern, Streugutbehältern oder um die Werbung für einen Wintercheck in der Autowerkstatt geht, will er uns motivieren, rechtzeitig Vorsorge für die kalte Jahreszeit zu treffen. Von jeher haben sich Menschen im Wissen um den kommenden Winter gut vorbereitet: im Herbst die Ernte eingefahren, Holz gestapelt und Vorräte angelegt. Ja, der nächste Winter kommt bestimmt, und es ist gut, innerlich und äußerlich darauf vorbereitet zu sein.

„Die nächste Krise kommt bestimmt." - Auch dies scheint eine unumstößliche Wahrheit zu sein. Immer wieder haben wir als Einzelne wie als Menschheit neue krisenhafte Herausforderungen zu bewältigen. Es ist gut und hilfreich, in dem Wissen zu leben, dass Krisen zu unserem menschlichen Leben dazugehören, wie es eben im Wechsel der Jahreszeiten auch immer wieder Winter wird. Diese er-nüchternde Einsicht kann uns helfen, dass wir nicht von uns selbst enttäuscht sind, wenn wir uns wieder einmal in einer Krisensituation befinden. Viele Menschen tendieren dazu, sich selbst zu „schelten", wenn sie sich erneut in einer krisenhaften Lebenssituation befinden, statt es als etwas ganz Natürliches anzunehmen. Das Wissen, bereits durch die eine oder andere Krise hindurchgegangen zu sein und und sie gemeistert zu haben, kann wie gesagt helfen, die neuerliche Herausforderung gut zu bewältigen.

Wir mögen meinen, dass in der Winterzeit alles bloß brachliegt und stagniert. Doch der Schein trügt, wie dieses alte Gedicht von Friedrich Wilhelm Weber (1806–1871) weiß:

Es wächst viel Brot in der Winternacht,
weil unter dem Schnee frisch grünet die Saat.
Erst wenn im März die Sonne lacht
weißt du, was Gutes der Winter tat.
Und deucht die Welt dir öd und leer
und sind die Tage dir rau und schwer:
Sei still und hab auf den Wandel acht:
Es wächst viel Brot in der Winternacht!

Dieser Text berührt eine tiefe Wahrheit, die wissenschaftlich als Phänomen der „Vernalisation" bezeichnet wird. Die Tatsache, dass sich die Winterzeit mit ihrem Frost und den niedrigen Temperaturen positiv auf das Wachstum von Wintergetreidesorten auswirkt, ist gut belegt. Ohne den winterlichen Frostimpuls würden sie nur unterentwickelte Fruchtstände ausbilden und einen geringeren Ernteertrag hervorbringen. Pflanzen sind in der Lage, sich gewissermaßen an durchlebte Kälteperioden zu „erinnern" und dies für ihre Blütenbildung und damit für den späteren Ernteertrag zu nutzen. Wir sehen die Entwicklung der Pflanzen im Frühjahr, doch der zugrundeliegende „Wachstumsprozess", der sich im Winter ereignet, bleibt für uns unsichtbar. Offenbar laufen gerade in Zeiten scheinbaren Stillstands wichtige Entwicklungsprozesse ab.

Auch in der Herstellung von Hefeteig passiert etwas Vergleichbares: Hefeteig soll man nach der Zubereitung gehen lassen. Man sollte den Teig in einer mit einem feuchten Tuch abgedeckten Schüssel stehen lassen, bis er von selbst in etwa die doppelte Größe erreicht hat. Das „Gehen-Lassen" ist für das Gelingen des Hefeteigs von entscheidender Bedeutung.

Diese organischen Gesetzmäßigkeiten können wir auch auf uns Menschen übertragen: Es braucht Zeiten des „Brachliegens", Zeiten des „Gehen-Lassens", um entscheidende Wachstumsprozesse zu ermöglichen. So gesehen sind Krisenzeiten, in denen wir uns nicht kraftvoll fühlen mögen, sondern uns „gehen lassen", wichtige, womöglich entscheidende Entwicklungsphasen für unser Leben.

Frühlingserwachen

Nach dem Winter kommt der Frühling als ein starkes Hoffnungszeichen: Das Leben will sich erneuern. Die aufspringenden Knospen, der Blütenduft, das Blau des Himmels, das Zwitschern der Vögel, alles spricht von Leben. Nach langen dunklen und kühlen Wintertagen fühlt es sich wie eine Erlösung an; das Leben wird wieder heller, wärmer, von der Sonne durchflutet.

Frühjahr für Frühjahr ist es wie ein Wunder, dass so kahle Äste aus sich heraus auf vielfältigste Weise wieder zu blühen beginnen. Welch unermessliche Pracht an Farben, Formen, Düften! Und alles wie von selbst: Bäume und Sträucher brauchen keinen Gärtner, der ihnen dabei behilflich ist; die Kraft der Erneuerung steckt von Anfang an im Samen, der später zur Pflanze, zum Baum werden will. Auch die erwachende Tierwelt, ob in der Luft oder zu Lande, scheint dieselbe Sprache zu sprechen: Das Leben will sich erneuern! Der bewusste Blick in die erwachende Natur ist gerade in Krisenzeiten wie eine gute Medizin! Wie wohltuend ist es, Zeit und Aufmerksamkeit für das Wunder des Lebens zu haben, wie es sich Augenblick für Augenblick um uns herum entfaltet. Welch eine Wohltat! Welch ein Segen! Wie viel Hoffnung schenkt diese Erfahrung gerade in schwieriger Zeit!

Licht und Schatten

Wer träumt nicht „von einem Leben ohne Schatten, ohne Angst und Sorgen, ohne Schmerz und Schuld", wie es Christa Spilling-Nöker einmal ausdrückte, um dann treffend festzustellen, dass wir „erst im Kontrast von Hell und Dunkel" das Ganze des Lebens erkennen und zur Begegnung mit uns selbst finden können. Ja, Helligkeit und Dunkel gehören zusammen. Sie bilden eine Einheit. Weder ist das eine einfach nur gut, noch ist das andere einfach nur schlecht. Hell und Dunkel wollen in gleicher Weise akzeptiert werden. Dies gilt für den einzelnen Tag im Wechsel von „Tag und Nacht". Es gilt aber auch für unser ganzes Leben mit all seinen Wechselspielen.

Wir lieben das Helle mehr als das Dunkle, doch Tag und Nacht, Hell und Dunkel haben gleichermaßen ihren Wert. Was geschähe, wenn wir dies verinnerlichen würden?

Wir fürchten uns vor der Dunkelheit. Wir haben Angst vor der Nacht. Was geschähe, wenn wir der Dunkelheit vertrauen würden? Wie anders würden wir mit den Wechselfällen des Lebens mitschwingen können, wenn wir dem Dunkel unser Ja schenken würden? Selbst untertags, wenn die Sonne scheint, ist nicht alles hell und klar. Selbst da finden wir helle und dunkle Bereiche, Licht und Schatten. Licht und Schatten bilden das Wechselspiel des Lebens. Wo viel Licht ist, ist in der Regel auch viel Schatten. So ist es in der Natur, so ist es im Leben von uns Menschen.

Manchmal erschrecken wir, wenn wir unerwartet von den Schattenseiten einer vermeintlichen Lichtgestalt erfahren. Menschen, die uns besonders imponieren, auf die wir mit einem idealisierten Blick schauen, scheinen diesen Gesetzen nicht unterworfen zu sein. Und wie groß kann das Erstaunen, ja das Entsetzen sein, wenn genau diese Menschen selbst dunkle Seiten offenbaren und ihre Schattenseiten offenkundig werden. Auch wir selbst lieben es, uns im Glanz unserer Erfolge zu sonnen. Was aber ist mit unseren ganz persönlichen Schattenseiten? Wie gehen wir mit unserem Schatten um? Haben wir die Botschaft unserer Schattenanteile in unserem Leben integriert? Oder wollen wir sie einfach nur „los sein"?

Vielleicht haben Sie ja Lust, dem Thema Licht und Schatten einmal auf eine leichte, spielerische Weise nachzuspüren, etwa mit der folgenden Übung.

Innehalten

Schattenspiele

Nehmen Sie sich doch an einem sonnigen Tag einmal eine Stunde Zeit, um nach draußen zu gehen und dort mit kindlicher Neugierde Schatten zu beobachten.

- *Wo können Sie überall Schatten erkennen?*
- *Was fällt Ihnen dabei auf?*
- *Was kommt durch die Kontraste ganz anders zum Vorschein?*

Vielleicht haben Sie auch Lust, mit Ihrem eigenen Schatten zu experimentieren. Versuchen Sie doch einmal „über Ihren Schatten zu springen"!

- *Was für Erfahrungen machen Sie dabei?*
- *Welche „Qualitäten" schenkt der Schatten?*
- *Was ist die Botschaft Ihrer Schattenanteile?*

Übergänge und Wandlungen

Ob in der Pflanzen- oder Tierwelt, das natürliche Leben um uns herum ist voller Veränderungen, Wandlungen, Entwicklungen. Nie scheint etwas still zu stehen. Immer gibt es sich zart anbahnende oder gewaltig daherkommende Veränderungsprozesse zu beobachten, oft auch zu bestaunen. Lange bevor die Spezies Mensch diesen Planeten betreten hat, war die große Natur auf vielfältigste Weise am Wirken; die Natur selbst ist die älteste Weisheitslehrerin, die uns zur Verfügung steht. Da wir als Spezies Mensch Teil dieser großartigen, altehrwürdigen Natur sind, wäre es absurd, uns von diesem Jahrmillionen alten natürlichen Wissen abzuschneiden. Das Beobachten der Natur und das Lernen von der Natur können eine großartige Quelle der Inspiration für eigene Entwicklungs- und Veränderungsprozesse sein.

Wir mögen uns manchmal so verhalten, als könnten wir abgetrennt von unserer natürlichen Umwelt leben, und doch sind wir ein Puzzleteil in dem großen, gewaltigen Bild des Lebens auf dieser Erde.

Auch als menschliche Gesellschaft können wir von der Natur lernen, ein nachhaltiges und zukunftsfähiges Miteinander zu gestalten.

Die Natur führt uns auch auf faszinierende Weise vor Augen, wie kostbar Übergänge sind und wie sinnvoll sie sich nutzen lassen. Etwa der Übergang vom Meer zum Land: Sind es nicht die Küstenlandschaften, wo

Meer auf Land trifft, die wir Menschen so gerne zu unserer Regeneration aufsuchen? Genießen wir es nicht, am Uferstreifen eines Sees entlangzuschlendern oder uns niederzulassen, um Stille und Ruhe zu finden? Und nicht nur für uns Menschen sind diese Übergänge von Wasser und Erde stimulierend und inspirierend. Vor allem sind sie Orte eines ganz besonderen Artenreichtums, bieten doch gerade sie unterschiedlichsten Arten Heimat und Lebensraum. Zonen des Übergangs von einem Lebensraum in einen anderen schaffen dafür beste Voraussetzungen.

Wir Menschen haben aus einem kurzsichtigen Effizienzdenken heraus riesige Monokulturen geschaffen, doch die Natur ist anders: Sie will Vielfalt, keine Uniformität. Und sie lehrt uns: Ohne Veränderung, ohne Übergänge, ohne Wandlung keine Vielfalt!

Wenn wir uns mit Neugierde und Interesse einschwingen in das, was uns die Natur zu sagen hat, können wir auf vielfältigste Weise Rückschlüsse für unser eigenes Leben ziehen. Nicht zuletzt für die Einordnung von krisenhaften Zeiten, die im Großen wie im Kleinen zur Dynamik des Lebens dazugehören. Das offenherzige Betrachten und Wahrnehmen all der natürlichen Übergänge, Veränderungen und Wandlungen kann uns helfen, JA zu sagen zu unseren eigenen Veränderungen und „Übergängen".

Ja, wir dürfen unseren Wandlungsprozessen vertrauensvoll und mutig begegnen. Denn gerade krisenhafte, herausfordernde Zeiten möchten uns, wie wir immer wieder gesehen haben, einladen zu wachsen, authentischer zu werden, mehr *unser* Leben zu leben, es stimmig zu leben, im Hinhören nach innen und in der Verbundenheit mit anderen, in der Balance von vertrauender Gelassenheit und dem Mut, Neues zu wagen und die Veränderungsprozesse schöpferisch zu gestalten.

Ich möchte Ihnen von Herzen wünschen, dass Sie Vertrauen fassen und sich, wie ich eingangs sagte, auch im Ungeborgenen geborgen fühlen können. Vielleicht, so hoffe ich, können Sie die eine oder andere Anregung, womöglich auch diese oder jene Übung mitnehmen auf Ihren ganz persönlichen Weg – durch alle Herausforderungen hindurch.

Nachwort der Herausgeberin

Es freut mich, dass mit dem Erscheinen dieses Buches ein großer Wunsch meines verstorbenen Mannes, den er auch noch in seiner schweren Erkrankung geäußert hat, in Erfüllung gegangen ist. Wer ihn gekannt hat, weiß, wie sehr ihm das, was er uns in dieser Publikation hinterlassen hat, am Herzen lag – weil ihm die Menschen, jede, jeder Einzelne am Herzen lag. Das Buch ist die Frucht langjähriger Erfahrung in der therapeutischen Begleitung vieler Patientinnen und Patienten und einer intensiven professionellen Beschäftigung mit der Thematik. Auch eigenes Erleben und so mancher persönliche Austausch sind in die Ausführungen eingeflossen, ebenso Anregungen und Rückmeldungen von Freunden, von Weggefährtinnen und Weggefährten. Ihnen allen sei an dieser Stelle auch im Namen von Michael ausdrücklich gedankt. Besonders danken möchte ich Pia Farkas-Liesenfeld für ihre Präsenz und Unterstützung auch bei diesem Projekt und Stefan Liesenfeld vom Verlag Neue Stadt, der es äußerst einfühlsam und mit Bedacht lektoriert hat; ohne sie wäre diese Publikation nicht zustande gekommen.

Elisabeth Tischinger

Verwendete und weiterführende Literatur

Beisser, Arnold: Wozu brauche ich Flügel? Ein Gestalttherapeut betrachtet sein Leben als Gelähmter, Peter Hammer Verlag, Wuppertal 1997.

Bucay, Jorge: Eine traurige, gar nicht so traurige Geschichte. Übersetzt von Lisa Grüneisen, S. Fischer Verlag, Frankfurt 2015.

Caddy, Eileen: Herzenstüren öffnen, Greuthof Verlag, Gutach 2004.

Claudius, Matthias: Werke in einem Band – Gedichte und Prosa, München 1976.

Düssler, Burkhard: Hör auf, dich fertig zu machen! Wie wir zu einem dauerhaft positiven Selbstwert finden, Kailash Verlag, München 2018.

Erikson, Erik H.: Kindheit und Gesellschaft, Klett-Cotta, Stuttgart [10]1991.

Forsyth, John P./Eifert, Georg H.: Mit Ängsten und Sorgen erfolgreich umgehen. Ein Ratgeber für den achtsamen Weg in ein erfülltes Leben mit Hilfe von ACT, Hogrefe, Göttingen [2]2018.

Frankl, Viktor E.: Ärztliche Seelsorge. Grundlagen der Logotherapie und Existenzanalyse, Fischer Verlag, Frankfurt 1987.

Gruhl, Monika: Resilienz. Die Strategie der Stehauf-Menschen: Krisen meistern mit innerer Widerstandskraft, Kreuz Verlag, Freiburg 2014.

Harris, Russ: ACT leicht gemacht: Ein grundlegender Leitfaden für die Praxis der Akzeptanz-und Commitment-Therapie, Arbor Verlag, Freiburg 2011.

Hesse, Hermann: in: Volker Michels (Hg.), Hermann Hesse. Sämtliche Werke in 20 Bänden. Band 11, Suhrkamp Verlag, Frankfurt a. Main 2003.

Janosch, Das Wörterbuch der Lebenskunst, Little Tiger Verlag, Gifkendorf [3]2021.

Joseph, Stephen: Was uns nicht umbringt. Wie es Menschen gelingt, aus Schicksalsschlägen und traumatischen Erfahrungen gestärkt hervorzugehen, Springer Verlag, Berlin und Heidelberg 2015.

Kast, Verena: Lebenskrisen werden Lebenschancen: Wendepunkte des Lebens aktiv gestalten, Verlag Herder, Freiburg 2000.

Knapp, Nathalie: Der unendliche Augenblick. Warum Zeiten der Unsicherheit so wertvoll sind, Rowohlt Verlag, Reinbek 2015.

Lionni, Leo: Frederick, Beltz Verlag, Weinheim [17]2019.

Tischinger, Michael: Jeder Tag ist ein geschenktes Leben. Schritte der Achtsamkeit, Verlag Herder, Freiburg 2013.

Tischinger, Michael: Selbstliebe. Weg der inneren Heilung, Verlag Herder, Freiburg 2017.

Tischinger, Michael: Auf die Seele hören. Wegweiser in ein selbstbestimmtes Leben, Verlag Herder, Freiburg 2019.

Wardetzki, Bärbel: Loslassen & dranbleiben. Wie wir Veränderungen mutig begegnen, Kösel Verlag, München 2019.

Wengenroth, Matthias: Das Leben annehmen. So hilft die Akzeptanz- und Commitmenttherapie (ACT), Verlag Hans Huber, Bern [2]2013.

Wolf Doris/Merkle, Rolf: Der Lebensfreude-Kalender 2020, PAL Verlag, München 2020.

Zenetti, Lothar: Aufbruch, aus: Ders., Auf Seiner Spur. Texte gläubiger Zuversicht, © Matthias Grünewald Verlag der Schwabenverlag AG, Ostfildern 2011. www.verlagsgruppe-patmos.de

Sonstige Quellenhinweise

www.aufbruch-selbst.de/wegbegleitung/

www.charleseisenstein.org/essay/die-kroenung

Deutsches Ärzteblatt, Jg 117, Heft 11, 13.3.2020, Seite B449

www.erinea.de (Dankgebet eines Aztekenhäuptlings)

www.evangelisch.de/inhalte/145061/04-02-2018/alice-cooper-interview-ueber-gott-glauben-wacken

www.horx-com/48-die-welt-nach-corona.de

Maurer, Wolf-Jürgen: www.anima-mea.org

Mayer, Lisa: Werden, wer ich bin, in: Psychologie heute, 07/2019

www.radiobremen.de/gesprächszeit/reinhold-messner112-popup.html

www.sathysai.de

www.utalatendorf.de

www.wikipedia.org/wiki/krise

Weitnauer Besinnungspfad – Eine meditative Begleitung, Marieluise Gabler, Eigenverlag, 2015

www.zeit.de/wissen/2018-05/psychologie-persoenlichkeit-entwicklung-alter-forschung

Trotz aller Bemühungen konnten nicht alle Zitate ausgewiesen werden. Für Hinweise, auch auf eventuell nicht genannte oder nicht erreichte Rechteinhaber, sind wir dankbar.

Verlag Neue Stadt

Eigene Notizen

Eigene Notizen

Eigene Notizen

Eigene Notizen

Eigene Notizen

Prof. hc. Dr. Elisabeth Lukas ist die renommierteste Schülerin von Viktor E. Frankl, dem Begründer der Logotherapie. Die klinische Psychologin und approbierte Psychotherapeutin ist weltweit bekannt durch Vorträge und zahlreiche, bereits in 19 Sprachen übersetzte Werke.

Eine »Innenansicht« Frankls, wie sie nur wenige kennen, die aber für viele Halt spendend sein könnte in bewegter Zeit. »Ein verlässliches Panorama – hervorragend gelungen.« (B. Grom SJ)

192 S., geb., ISBN 978-3-7346-1183-4

144 S., geb., 978-3-7346-1203-9

144 S., geb., 978-3-7346-1246-6

Aus der Reihe »100 Worte«

Wegbegleiter-Worte von E. Lukas: Was zählt? Was bleibt? Was trägt?
120 S., geb., 978-3-7346-1228-2

Ausgewählte Worte und Kurztexte des Begründers der Logotherapie. Mit ausführlichem Lebenslauf und einer Einführung von E. Lukas.
120 S., geb., 978-3-7346-1134-6